Anders Kardinal Arborelius OCD

# Mit heiliger Ungeduld

## Nichts ist unmöglich für Gottes Geist

Eingeleitet und übersetzt von Dominik Terstriep SJ

Bibliografische Information
der Deutschen Nationalbibliothek
Die Deutsche Nationalbibliothek verzeichnet
diese Publikation in der Deutschen
Nationalbibliografie; detaillierte bibliografische Daten
sind im Internet über http://dnb.d-nb.de abrufbar.



Hilfswerk für den Glauben
bonifatius
werk

Gefördert durch das Bonifatiuswerk
der deuschten Katholiken

**Besuchen Sie uns im Internet unter:**
**www.st-benno.de**

Gern informieren wir Sie unverbindlich und aktuell
auch in unserem Newsletter zum Verlagsprogramm,
zu Neuerscheinungen und Aktionen.
Einfach anmelden unter www.st-benno.de

ISBN 978-3-7462-5144-8


Umschlaggestaltung: BIRQ DESIGN, Dresden
Illustration auf dem Cover und innen: © moonrise/Fotolia
Gesamtherstellung: Kontext, Lemsel (A)

Anders Kardinal Arborelius

# Mit heiliger Ungeduld

## Nichts ist unmöglich für Gottes Geist

benno

# Inhalt

# Der Kardinal im Norden

Es war wirklich eine Überraschung, als Papst Franziskus im Frühjahr 2017 mitteilte, dass Anders Arborelius, Bischof der Diözese Stockholm, Kardinal werden sollte. Nicht nur der Ernannte selbst war äußerst überrascht, sondern auch Katholiken und Nichtkatholiken in seinem Heimatland. Das Echo war so überwältigend, dass man von einer »Wir-sind-Kardinal-Stimmung« sprechen konnte. In allen Medien wurde die Ernennung kommentiert. Sowohl die Kardinalskreierung in Rom am 28. Juni als auch die Dankmesse in der Stockholmer Domkirche am 15. August wurden vom ersten Fernsehprogramm live übertragen. In einem Land, das sich über lange Zeit schwer mit der katholischen Kirche getan hat und in dem Katholiken weiterhin in der Minderheit sind, war dieses Echo nicht zu erwarten.

*Ein neuer Kardinal*

Es wurde viel gemutmaßt, warum der Papst Bischof Anders zum Kardinal ernannt hat. Beide hatten einander durch die Veranstaltungen zum Reformationsgedächtnis und dem Jubiläum des Lutherischen Weltbundes in Lund, zu dem der Papst am 31. Oktober 2016 gereist war, näher kennengelernt. Er unterzeichnete dort unter anderem eine gemeinsame ökumenische Erklärung »Vom

Konflikt zur Gemeinschaft« und feierte tags darauf, an Allerheiligen, eine Messe mit ca. 15.000 Katholiken aus Skandinavien. Die Ernennung von Bischof Anders liegt äußerlich betrachtet in der Politik des Papstes, Bischöfe von der Peripherie in den Kardinalsstand zu erheben. Das zeigen auch die zeitgleichen Kardinalsernennungen von Bischöfen in Mali, Laos und El Salvador. Geografisch und zahlenmäßig liegt die katholische Kirche in Schweden tatsächlich an der Peripherie. Womöglich auch in religiöser Hinsicht, da Schweden als eines der säkularisiertesten Länder der Welt gilt. Doch war es vermutlich nicht nur dieses Grenzdasein, das den Ausschlag für die päpstliche Entscheidung gab. Bischof Anders gilt als ein ausgewiesener Ökumeniker, der mit Demut, Geduld und Klarheit Kontakte zu den christlichen Gemeinschaften in Schweden pflegt. Die Einheit der Kirche ist ihm wie Papst Franziskus ein Herzensanliegen. Schweden galt zudem lange als ein Land, das großzügig Flüchtlinge aufnahm. Viele von ihnen haben über mehrere Einwanderergenerationen die katholische Kirche wachsen lassen und prägen sie bis heute. Papst Franziskus hat unermüdlich deutlich gemacht, wie wichtig ihm der Einsatz für Migranten ist. Ganz sicher wollte er auch den Bischof einer Kirche, die zu großen Teilen aus Einwanderern besteht, in seinem Engagement für diese ausgesetzte Gruppe stärken und ein Zeichen gegen eine wachsende Feindseligkeit ihr gegenüber setzen.

Doch nun ist jemand Kardinal geworden, der diesen »Rummel« um seine Person gar nicht mag. Ein Bischof, der im Grunde seines Herzens Mönch geblieben ist. Wer ist dieser neue Kardinal im Norden?

*Mönch und Bischof*

Wer Anders Arborelius verstehen lernen will, muss sich in die Schule des Karmel begeben. Denn es sind die Geistigkeit und Theologie des Karmel, die die Lebens- und Ausdrucksweise des Bischofs und Kardinals prägen. Anders Arborelius trat 1971, nur zwei Jahre nach seiner Konversion, in die kleine Karmelitergemeinschaft in Norraby (Südschweden) ein. Der 1949 von schwedischen Eltern in Lugano (Schweiz) geborene Anders hatte nach eigener Aussage immer einen Gottesglauben und beschreibt seinen Übertritt zur katholischen Kirche 1969 als eine »natürliche« Entwicklung, nicht als einen Bruch mit der damaligen lutherischen Staatskirche, in die er hineingetauft worden war. Er ist in die Kirche hineingewachsen und nicht von etwas »wegkonvertiert«. Er kam unbeschadet durch die Scheidung seiner Eltern, wuchs in Lund auf und stürzte sich nach dem Abitur in das Studium der modernen Sprachen.

Früh verspürte Anders Arborelius den Wunsch, nicht nur katholisch zu werden, sondern auch Gott ganz und gar zu dienen. Dieser Wunsch führte ihn als ersten Schweden in die kleine Kommunität nach Norraby. Nach dem Eintritt in den Karmeliterorden folgte die übliche Ausbildung mit Noviziat und Philosophie- und Theologiestudien in Brügge-Oostende und Rom. 1977 legte Bruder Anders die ewigen Ordensgelübde ab und wurde 1979 zum Priester geweiht. 27 Jahre lang, also bis Ende 1998, lebte er das Leben eines unbeschuhten Karmeliten vor allem in seiner Klostergemeinschaft, unterbrochen von einigen Reisen im Auftrag des Ordens. Während einer solchen Reise auf die Philippinen erreichte ihn die Nachricht, dass er zum Nachfolger von Hubertus Brandenburg (vormals Weihbischof in Hamburg) zum

Bischof für die Diözese Stockholm berufen worden sei. Eine Entscheidung, die sein Leben äußerlich gesehen auf den Kopf stellen sollte: Der Mönch wurde Bischof, noch dazu der erste aus Schweden stammende seit der Reformation, und später der erste Schwede überhaupt, der Kardinal wurde.

In Schweden ist Bischof Anders eine bekannte und respektierte Persönlichkeit, die man mit dem Einsatz für den Schutz des Lebens und für Flüchtlinge sowie mit einer verlässlichen Verkündigung der zentralen Inhalte des christlichen Glaubens verbindet.

Von Amts wegen steht der Kardinal viel in der Öffentlichkeit, muss Stellung beziehen, die Kirche in den Medien vertreten und den Gläubigen seiner Diözese den Glauben verkünden und die Sakramente spenden. Wie man sich leicht vorstellen kann, haben die äußeren Lebensumstände des Mönches Anders mit denen des Bischofs nicht mehr viel gemein. Doch der Bischof scheint in seinem Habitus dem Mönch treu geblieben zu sein. Aus allem, was er sagt und tut, spricht eine tiefe Sammlung und Konzentration. Seine Worte wirken oft wie aus der Stille geboren. Sein Auftreten ist einfach, unkompliziert und freundlich. Es ist eine Freude zu sehen, wie leicht er mit Menschen verschiedener Herkunft und aus unterschiedlichen Milieus in Kontakt kommt.

Bischof Anders ging durch die Schule des Mönchtums, dem die Sprache der Bibel durch den täglichen Umgang mit ihr in Chorgebet, Betrachtung und stillem Gebet in Fleisch und Blut übergegangen ist. Er schöpft aus dem reichen Fundus karmelitischer Spiritualität, sicher auch geprägt von seinem um eine Generation älteren Mitbruder Wilfrid Stinissen (1927-2013), der ein über die Konfessionsgrenzen hinweg hoch geachteter geistlicher

Meister in Schweden gewesen ist. Der Autor findet in seinen Ausführungen über das Dunkel und das Leid von dieser Spiritualität her eine Antwort, die trotz allem hoffnungsfroh ausfällt.
Als Bischof hat Anders Arborelius ein Amt inne, das vor allem darin besteht, die »Herde« zusammen und beim Herrn zu halten. Keine leichte Aufgabe in einer Diözese, die aus Gläubigen aus ca. 80 verschiedenen Nationen und verschiedenen Riten zusammengewürfelt ist! Um nur einer seiner zahlreichen Eigenschaften hervorzuheben: Er vereint Menschen und führt sie zu einem tieferen Glauben an den dreieinigen Gott.

*Das ABC des Geistes*
Der Mönch und Bischof Anders ist in Schweden auch als Verfasser geistlicher Bücher hervorgetreten, die vor allem das karmelitische Erbe in unsere Zeit hinein vermitteln: Edith Stein, Johannes vom Kreuz, Marie-Antoinette de Geuser, karmelitische Mystik. Das vorliegende Buch wurde 2011 unter dem Titel *Andens ABC. Att leva av det eviga ordet* (Das ABC des Geistes. Leben aus dem ewigen Wort) im Libris-Verlag veröffentlicht. Es versammelt Texte, die Bischof Anders zu verschiedenen Gelegenheiten geschrieben, vorgetragen oder veröffentlicht hat. Vielen dieser Texte merkt man ihre Ursprungssituation an. Sie gehen häufig von konkreten Anlässen aus und sind deshalb nah am Leben: ethische, tagesaktuelle und geistliche Fragen, kirchliche und weltliche Jahreszeiten. Auch die Sprache verweist oft auf die Ausgangssituation. Sie gleicht eher dem gesprochenen als dem geschriebenen Wort. Sowohl der Ton als auch die Lebensnähe machen das Buch darum zu einer gut zu lesenden Lektüre.
Damit erspart Bischof Anders dem Leser jedoch weder

anspruchsvolle noch bisweilen provozierende Aussagen. Verständlichkeit geht bei ihm nicht auf Kosten von Tiefe und Klarheit. Der Leser sei also gewarnt. Der Verfasser mutet ihm einiges zu.

Einige Themen ziehen sich wie ein roter Faden durch fast alle Texte. Es sind vor allem die Grundpfeiler des Christentum, von denen der Bischof her denkt: Inkarnation, Dreifaltigkeit und das Geheimnis von Kreuz und Auferstehung Christi. Es nimmt von daher nicht wunder, dass er immer wieder auf die Taufe verweist, die den Christen in Glaube, Hoffnung und Liebe mit diesem Gott verbindet. Er will den Leser anregen, mehr auf die Grundgeheimnisse des Glaubens und die Bedeutung der Taufe für sein alltägliches Leben zu schauen.

Aus allen Texten spricht ein realistischer Optimismus, der in der karmelitischen Tradition zu Hause ist. Problematische Situationen und schwer lösbare Konflikte werden nicht verschwiegen. Das wird am deutlichsten an der drängenden Frage von Leid und Sünde. Alles, was Bischof Anders über die dunkle Seite unserer Existenz schreibt, ist von einem Optimismus getragen, der im Geheimnis Gottes gründet. Der Gott, an den wir Christen glauben, kann sich alles, wirklich alles zunutze machen, um es zum Guten zu wenden. Er integriert alle Töne, auch die falschen, in die große Lebenssymphonie, die er aufführt und zu einem harmonischen Ganzen formt. Deshalb ist nichts und niemand restlos verloren. Das gilt auch für all das, was das Leben zerstört, die Sünde. Gott bietet jedem, gleich wie groß seine Sünde auch sein mag, Barmherzigkeit und Vergebung an. Darum klingt der Verfasser selbst da getrost, wo manch einer die Hoffnung längst aufgegeben hat. Dieser Optimismus ist für ihn die natürliche Konsequenz des Osterglaubens, der unsere Wirklichkeit bereits verwandelt hat und sie zur Vollendung führt. Die Perspektive jenseits von Leid und Dunkel, ja, durch sie hindurch, lässt Bischof Anders diese Welt bejahen und lieben, ohne in ihr aufzugehen; sie ist der Vorraum zur Herrlichkeit. Diese Stimme der Hoffnung brauchen wir angesichts der Tragödien unserer Tage mehr denn je.

Einen besonderen Akzent setzt der Verfasser in der Gnadentheologie. In diesem Jahr gedenken Christen aller Konfessionen der Reformation, die vor 500 Jahren von Wittenberg ihre Initialzündung erhielt. Was der Bischof über die Gnade schreibt, kann Brücken bauen zu unseren protestantischen Schwestern und Brüdern. Immer wieder hebt er den Vorrang der Gnade hervor, die Initiative Gottes, ohne die wir nichts wären. »Er hat uns zuerst geliebt« (1 Joh 4,19). Gott ist uns immer voraus. Wir können ihn lediglich empfangen. Doch dieser Gott der ständigen Initiative macht sich abhängig vom Menschen, der ihn einlassen kann, aber nicht muss. Gott erscheint in den Texten des Bischofs als ein mächtiger und zugleich demütiger Gott, der darum bittet, sein Wirken mit und an uns geschehen zu lassen; ein Gott, der auf das Ja des Menschen geduldig wartet.

Viele Abschnitte greifen moraltheologische Themen und ethische Dilemmata auf: den Schutz des Lebens von dessen Beginn bis zu dessen Ende, Stammzellenforschung, Gewaltanwendung, Krieg, Tyrannenmord, Todesstrafe und Selbstmord. In diesen Ausführungen wird wiederum das Denken vom Ostergeheimnis her deutlich, das nichts und niemanden verloren gibt. Wir bekommen nicht immer eine Antwort auf zum Teil schwer lösbare Konflikte, schon aber Hinweise für eine

Haltung, wie wir ihnen begegnen können. Zudem wird deutlich, dass der Glaube nicht nur etwas für die fromme Ecke ist, sondern stets praktische Konsequenzen hat und sich in unserem Tun und Lassen, in unseren Entscheidungen und Absichten zeigt.

Der Stil von Bischof Anders ist von seinem Hintergrund als Mönch geprägt. Er meditiert die Fragestellungen eher, als dass er sie diskursiv zerlegt. Es ist ein langsames, kreisendes, ja, im monastischen Sinne »wiederkäuendes« Bedenken, das den Leser in eine Bewegung hineinnimmt; ein Bedenken vor dem Hintergrund der Schrift als ständiger Begleiterin, der Tradition der Kirche und konkreter Erfahrungen. Dass selbst das Provozierende annehmbar wird, hat wohl mit diesem Stil zu tun, der sich auf einfühlsame Weise den Dingen nähert und sie den Lesern wie einen maßgeschneiderten Mantel um die Schultern legt.

Die Idee des ABC *des Geistes* ist die einer elementaren Einführung in Grundinhalte des Christentums. Damit steht Bischof Anders in einer langen Tradition anderer geistlicher »Schulbücher« wie z.B. jene von Francisco de Osuna (*Abecedario espiritual*, 1525–27), Josef Pieper (*Christenfibel*, 1936) oder Romano Guardini (*Vorschule des Betens*, 1943). Sie alle wurden Klassiker der geistlichen Literatur und haben einer breiten Leserschaft geholfen, die geistlichen und theologischen Gründe des Christentums besser zu verstehen und in ihrem Leben wirksam werden zu lassen. Der besondere Akzent dieses Buches ist der *Geist*, der »Vergessene« der Westkirche. Bischof Anders erinnert uns an eine grundlegende Dimension des christlichen Glaubens, an das Leben im Geist, und schlägt so auch eine Brücke zur ostkirchlichen Theologie, in der der Geist lange Zeit

eine stärkere Rolle gespielt hat als in ihrem lateinischen Gegenüber.
Der ursprüngliche Titel des Buches und die mit ihm verbundene Systematik ließen sich nicht ins Deutsche übertragen. Die 28 Kapitel der Erstausgabe greifen Stichworte entlang des schwedischen Alphabets auf (A bis Ö, Ande bis Överlåtelse). Das Büchlein versucht, ähnlich wie ein erstes Lesebuch in der Schule, Grundlegendes für das Glaubensleben zu vermitteln. Es macht uns vertraut mit der elementaren Grammatik des Geistes, die uns hilft, unser Leben aus dem christlichen Glauben heraus zu lesen und zu leben.
Der Bedarf nach Grundlegendem und im besten Sinne Einfachem ist wohl nicht nur in einem Land wie Schweden groß. Hier versteht man aus historischen Gründen Religionsfreiheit als Freiheit *von* und nicht *für* Religion. Der katholische Bischof von Schweden will mithilfe dieses Buches nicht nur Katholiken oder seine Landsleute, sondern alle Suchenden zur Freiheit *für* Religion näherhin zur Freiheit *für* den christlichen Glauben einladen.

*Stockholm, am Fest der hl. Theresa von Ávila* 2017
*Dominik Terstriep* SJ

# Sehnsucht nach geistlichem Leben

Wenn wir Christen das Adjektiv »geistlich« gebrauchen, bezieht es sich immer auf den Heiligen Geist. Es ist stets der Heilige Geist, der Geistigkeit um sich verbreitet. Immer mehr Menschen sehnen sich auch in unserem mehr materialistisch orientierten Klima nach einem geistlichen Leben; eine Sehnsucht, die vom Geist kommt. Der Geist wirkt ständig, um Menschen zu helfen, Jesus Christus zu empfangen und durch ihn zum Vater zu gelangen. Die Heilige Dreifaltigkeit ist unablässig um die ganze Menschheit bemüht. Alles, was ist, hat Gott geschaffen und kann uns deshalb zu ihm führen. Es ist die Aufgabe des Geistes, uns darauf aufmerksam zu machen. Leise und taktvoll oder mit Getöse versucht der Geist, uns zum Leben zu wecken. Dieser geistlichen Dimension unseres Daseins können wir an vollkommen unerwarteten Orten und auf überraschende Weise begegnen.
Diese kleine Schrift will helfen, die diskreten und kleinen Fingerzeige des Geistes anzunehmen und uns zu einer tieferen Begegnung mit dem dreieinigen Gott führen. Das Feiertägliche und das Alltägliche mischen sich hier, da keine Zeit, keine Umgebung und kein Mensch unberührt von Gottes Gegenwart und Han-

deln ist. Wir brauchen nur aufmerksamer darauf zu achten, wie nah uns Gott ist und wie viel näher er uns durch alles kommen will. Der Geist unterweist uns darin. Deshalb kann es für alle Gotteskinder jeden Alters gut sein, in seine Vorschule zu gehen und sich spielerisch von ihm unterweisen zu lassen.

Ich habe hier einige Texte versammelt, die meist schon anderweitig veröffentlich wurden und teils überarbeitet sind. Es kann scheinen, als glichen die verschiedenen Kapitel eher Scherben und Bruchstücken. Doch es gibt einen tieferen Zusammenhang zwischen ihnen: Im Licht des Geistes soll das Christus-Geheimnis lebendig werden, damit es in unserem Alltagsleben Frucht bringen kann. Wie ein Kochbuch uns helfen will, gutes und nahrhaftes Essen zu bereiten, soll dieses Buch uns helfen, unsere geistliche Nahrung in Jesus Christus zu finden in dem, was er uns schenken und lehren will.

Einige Überschriften wirken vielleicht etwas weit hergeholt oder konstruiert. Aber die Sprache ist nun einmal begrenzt, und bisweilen müssen wir den gewöhnlichen Rahmen der Sprache überschreiten, um die Tiefe im unendlich reichen Mysterium des dreieinigen Gottes zu erahnen. Das Wort ist Fleisch geworden in Jesus Christus. Das ewige Wort ist herabgestiegen in die Begrenzung von Zeit und Raum. Unsere menschlichen Worte können Gottes Wirklichkeit niemals ausschöpfen. Dennoch können sie uns verweisen und tiefer in die Gemeinschaft mit dem Gott führen, der in sich selbst Gemeinschaft ist: die ewige Liebesgemeinschaft von Vater und Sohn in der Einheit des Geistes.

Am Ende bleiben uns nur Schweigen und Anbetung, die unsere Sprache vor Gott sind. Aber auf dem Weg zu dieser vollkommenen Übereignung in Glauben, Hoffnung und Liebe brauchen wir Worte und Ausdrücke – und manchmal auch eine kleine Fibel, die uns in der Vorschule des Geistes begleitet.

# Erkenne die Stimme des Geistes!

Die meisten Menschen sind sich darüber bewusst, dass sie mehr sind als Materie. Auch jene, die der Wissenschaft als einzigem Erklärungsmodell für alles, was ist, blind glauben, mögen sich im Letzten nicht als Produkt zufälliger chemischer Reaktionen sehen. Es muss etwas Geistiges in uns geben, das dafür sorgt, dass ich ich bin und du du bist; dass wir uns niemals damit abfinden, einfach zu verenden. Noch mehr widersetzen wir uns dem Gedanken, dass jene, die wir lieben, ausgelöscht werden und verschwinden.
Solange der Mensch atmet, hofft er auf dieses Geistige und das Ewige in ihm. Für viele ist es nur etwas Vages, das sie zieht und bewegt, um nicht ganz und gar im Materiellen aufzugehen und in dem zu versinken, was sie gebrauchen oder für sich vereinnahmen können. Je mehr man sich aber von diesem zutiefst Geheimnisvollen ziehen lässt, desto mehr ahnt man, dass

dieses Geistige nicht etwas Unpersönliches und Vages sein kann. Welch großer Augenblick, wenn ein Mensch zu verstehen beginnt, dass es eine persönliche Stimme ist, die in seinem Innersten zu ihm spricht und ihn mit sich zieht. Es ist eine der tiefgreifendsten Entdeckungen, wenn wir erstaunt und dankbar zu ahnen beginnen, dass wir von einem anderen persönlich angesprochen sind. Das Geistige wird der Geist, der Heilige Geist.

Erst wenn wir bejahen, dass es der Geist ist, der tief in uns spricht und uns in die Begegnung mit Jesus Christus führen will, erst dann werden wir das, was wir zuinnerst sind – eine einzigartige Person. Der Geist schenkt uns das Bewusstsein dafür, dass wir in jedem Augenblick vor Christus stehen und in dieser Begegnung werden, was wir sind. Ich kann einzig »ich« werden, wenn ich dem Du, das Jesus für mich ist, begegne. Der Geist führt mich behutsam in diese Erkenntnis.

Es geht hier um eine Schwerpunktverschiebung: weg von meinem Ich zu dem, der mein Du ist, Jesus. Dieser Prozess dauert ein Leben lang und wird erst in der Ewigkeit vollendet. Erst da werde ich schauen, wie alles zusammenhängt. Erst da werde ich Gott sehen, wie er in all seiner Herrlichkeit ist: Vater, Sohn und Heiliger Geist. Hier auf Erden sehe ich dunkel wie in einem Spiegel (vgl. 1 Kor 13,12). Der Geist soll mich heilig-ungeduldig machen, damit ich mich nach dem letzten Ziel meines Lebens ausstrecke. Er wird mir auch Geduld geben zu warten und mich daran zu freuen, wo ich schon jetzt ein Angeld auf dieses Letztgültige bekomme.

Der Geist zieht mich aus dem Gefängnis der Zeit und des Raumes, damit ich schon jetzt ahne, wohin ich unterwegs bin. Zugleich macht mich der Geist heimisch im Vergänglichen, damit ich dort so lebe, als wäre ich schon am Ziel. In allem und allen, denen ich begegne, kann ich einen Schimmer dessen sehen, der mich liebt, Jesus Christus. Das irdische Leben trennt mich nicht von ihm, kann allerdings niemals meine Sehnsucht und mein Verlangen stillen, ihm immer näherzukommen. Ich fliehe nicht vor der gewöhnlichen Wirklichkeit, versinke aber auch nicht in ihr. Ich versuche, sie zu einem Vorraum zur ewigen Herrlichkeit zu machen. Der Geist wird mich immer daran erinnern, still und diskret, aber doch unermüdlich und ausdauernd.

Der Geist ist nie vollkommen stumm; das ist unser kleines Glück. Wir können immer mehr lernen, seine Stimme mitten in all den anderen Stimmen wiederzuerkennen, die oft so viel lauter sind als seine. Dennoch kann keine Stimme sich mit seiner messen. Wir können seine Anrede und seine unaussprechlichen Seufzer (vgl. Röm 8,26) in und jenseits aller anderen Stimmen vernehmen. Der Heilige Geist ist dermaßen eins mit unserem Geist, dass es bisweilen schwer ist, beide voneinander zu unterscheiden. Je näher Jesus uns kommt, desto mehr wirkt der Heilige Geist in uns. Wir werden immer mehr eines Sinnes mit dem Geist.

Auch im Dunkeln und Unbegreiflichen gibt es etwas, das uns weiterweist. Die Rückseite des Lebens verweist auf die Vorderseite. Was böse und sündig ist, verweist auf jenen, der es retten und heilen kann. Nichts ist dermaßen undurchsichtig, dass es uns nicht eine Ahnung von der Wahrheit, der Schönheit und der Güte Gottes geben kann. Der Geist hat ein erstaunliches Vermögen, sich in alles hineinzuschleichen und es zu einem Ort der Begegnung mit Jesus Christus zu machen. Was wir als Gottes Abwesenheit erfahren, ist lediglich eine andere Weise seiner Gegenwart. Die wichtigste Aufgabe

des Geistes besteht darin, uns zu lehren, dass letztlich alles im Dasein uns zu dem zurückfinden lässt, der es geschaffen hat. Mängel, Schwächen, ja, alles, was zunächst nur negativ scheint, ruft nach dem Geist und sehnt sich nach seiner verwandelnden und heiligenden Kraft. Nichts ist unmöglich für den Geist. Er ist das Subtilste überhaupt und kann deshalb in alles eindringen, um dort Gottes Herrlichkeit sichtbar zu machen, wo wir es am wenigsten erwarten.
Deshalb dürfen wir immerdar in Hoffnung und Zuversicht leben. Der Geist ist seit dem Schöpfungsmorgen über die ganze Schöpfung ausgegossen. Der Geist ist seit unserer Taufe in unsere Herzen eingegossen. Der Geist ist kein Fremder in unserem Inneren. Der Geist ist uns näher, als wir uns selber sind.

# Nimm Gottes heilende Liebe an!

Keine Situation im Leben ist vollständig blockiert. Wir sitzen niemals nur fest in uns und unserem verkrümmenden Egoismus. Es ist nie zu spät. Wir brauchen uns nicht für immer auf unsere alten Fehltritte und Missgriffe

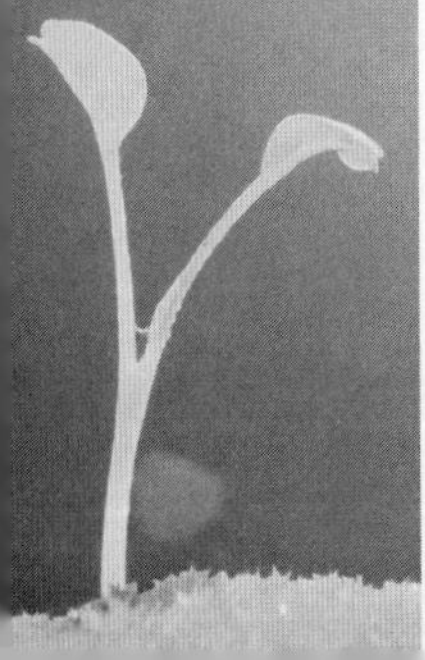

festnageln zu lassen. Alles wird neu und frisch, wenn wir es im Licht des Heiligen Geistes anschauen. Der Geist lässt uns verstehen, dass Jesus gekommen ist, um uns gerade von dem zu heilen, was wir selbst nicht in der Hand haben. Viele haben es schwer zu begreifen, wie wunderbar es ist, geheilt zu werden. Wenn wir beim Anblick der Verfehlungen, zu denen wir fähig sind, erstarren, dann wird es fast unmöglich, darauf zu hoffen, dass ein anderer uns beleben und heilen, helfen und befreien kann. Es ist, wie es ist, pflegt man zu sagen. Geschehen ist geschehen. Ich kann nichts dafür, was ich bin und tue. Ich will meinen eigenen Weg gehen.

Gott ist Mensch geworden in Jesus Christus, um uns seine grenzenlose Solidarität zu zeigen. Er nimmt den Teil der Wirklichkeit auf sich, den wir nicht bewältigen können: Leiden, Sünde und Tod. An unserer Statt geht er durch all das hindurch, um uns von dem zu heilen und zu befreien, für das wir nichts können. Am Kreuz sehen wir das wahre Antlitz Gottes. Dort wird sein Herz offenbart. Ein Herz, das blutet aus Liebe zu uns, die wir oft nicht das Geringste für ihn übrig haben. Aber nicht einmal Gähnen und Gleichgültigkeit können ihn abschrecken. Er kann nicht anders als uns einfach lieben bis zum bitteren Ende, weil er Liebe *ist*. Diese wesenhafte Liebe Gottes soll uns heilen und befreien. Deshalb gibt es Heilung für alles, was uns widerfährt. Gottes Liebe kann die tiefsten Wunden heilen. Es gilt lediglich, sich heilen zu lassen. Sich Gottes liebevoller Hand zu überlassen, um heil zu werden, ist nicht ganz leicht. Wir brauchen oft Zeit, um zu verstehen, dass wir uns nicht selber heilen können.

Gott passiv in sich einzulassen, ist die höchste Form menschlicher Aktivität überhaupt. Wir müssen allerdings dieses tiefe Geheimnis annehmen. Wenn wir das verstanden haben, verändert sich alles. Gott in unser Leben einzulassen und zuzulassen, dass er uns heilt, rettet und befreit, nimmt uns nichts, sondern macht uns im Gegenteil menschlicher. Sich lieben und heilen lassen, ist das Größte, das wir tun können. Bevor wir beginnen, Gott zu lieben, müssen wir uns lieben lassen. Das Kleinkind lernt zu lieben, weil es geliebt wird. Man muss Gottes Liebe annehmen. Wir dürfen uns lieben lassen. Tun wir das, entdecken wir, dass Gottes Liebe eine heilende und rettende Liebe ist. Sie heilt uns. Sie verändert uns. Sie macht etwas mit uns. Wir sind nicht mehr so richtig dieselben, wenn wir ihn in unser Leben einlassen. Wir tauen auf. Unser Herz weitet sich. Wir werden nach und nach von einer tief sitzenden Selbstgenügsamkeit befreit. Gott wird immer wichtiger.

Im Leben Jesu gibt es viele Situationen, in denen er Menschen, die zu ihm kommen, heilt. Oft reicht schon sein liebevoller Blick, der etwas in ihnen verändert. Jesus schaut auch auf uns. Wir sehen ihn zwar nicht mit unseren gewöhnlichen Augen, doch mit den Augen des Herzens. Mit den Augen des Glaubens, der Hoffnung und der Liebe können wir versuchen, seinen heilenden Blick zu erwidern. Im Alltag, am Arbeitsplatz oder im Bus können wir daran denken, dass Jesu Blick auf uns ruht. Wenn wir lernen, unter seinem Blick zu leben, geschieht etwas Tiefes in uns. Wir werden von unserer Einsamkeit befreit. Das Leben ist weder leer noch langweilig, wenn wir wissen, dass der Blick dessen auf uns ruht, der uns liebt.

Gebet heißt, sich von Gott anschauen zu lassen. Und Gott hört nie auf, uns anzuschauen. Durch seinen Blick will er uns befreien, heilen, reinigen, vergeben, ermahnen. Zu jeder Zeit will Gott etwas mit uns tun, etwas Großes und

Radikales. Wir können auf Empfang gehen und lernen, unter seinem Blick zu bleiben. Wir brauchen nichts Besonderes zu tun. Wir bleiben einfach, wo wir sind, und lassen uns anschauen. So einfach ist es mit dem Gebet. Beten heißt, sich anschauen zu lassen. Schauen heißt, Gottes Blick zu beantworten. Jedes Mal wenn wir Gottes liebevollen Blick in unser Inneres eindringen lassen, werden wir befreit und geheilt.

Mach einfach kurze Pausen tagsüber. Atme tief ein und aus, und sei dir bewusst, dass Gott dich gerade jetzt anschaut. Bleib unter seinem Blick. Lass Gottes Liebessonnenlicht auf dich scheinen. Lass dieses Licht alle Probleme, Bitterkeit, alles Selbstmitleid, alle Sünde, alle Schuld verbrennen. Lass dich befreien von dem Blick, der stets auf dir ruht.

Wir können Gottes Blick auch wiedererkennen, wenn ein anderer auf uns schaut. Und wir können auf andere mit Jesu Augen schauen. Die Menschen, denen wir begegnen, verweisen uns auf Gott. Sie sind von ihm geschaffen als sein Ebenbild. Das heißt, sie können etwas vermitteln, das unendlich größer ist als sie selbst. Und sie können diese Würde nie ganz und gar verlieren. Etwas von Gottes Ebenbild schimmert selbst bei jenen durch, die uns am unsympathischsten erscheinen. Wenn wir nur den Blick des Glaubens, der Hoffnung und der Liebe haben, können wir Gott auch in den überraschendsten Situationen begegnen. Es ist eine Freude ohnegleichen, wenn uns klar wird, dass wir niemals ohne Gott sind. Er will die gesamte Wirklichkeit heilen und befreien, so dass sie stets von ihm Zeugnis gibt, ja, sein Lob singt. Das Gebet findet sich dann wie von selbst ein. Es steigt einfach in uns auf.

# Gott ist Liebe

Es gibt Worte, die leicht zerredet werden und ihre eigentliche Bedeutung verlieren. Deshalb kann es gut sein, bisweilen ein neues und interessantes Synonym zu finden, um den Inhalt eines Wortes vorurteilsfrei zu durchdringen. Das arme Wort Liebe braucht ein wenig Ruhe. Wie wäre es, stattdessen das lateinische Wort *caritas* ein wenig zu schmecken? Gott ist *caritas*, heißt es im Evangelium. Dieses Wort ist so wichtig, dass es ein Synonym für Gott ist. Eigentlich ist es zu heilig, um es auszusprechen. Man sollte es still und ehrfürchtig flüstern. Dieses also lebt im Inneren Gottes und pulsiert wie ein lebendiger Strom, ein heiliger Blutkreislauf. Es übersteigt unser Fassungsvermögen und kann niemals begriffen oder analysiert werden. Dennoch erkennen wir uns darin wieder, wenn es uns begegnet – wie klein die Dosis auch sein mag. Gott will es uns in überfließendem Maße schenken, da er uns nichts Geringeres geben will als sich selbst. Allein das Beste ist gut genug für uns. So sehr liebt Gott uns, dass er sich selbst uns schenken will.

*Caritas* kommt aus einer Beziehung, einem Dialog. Etwas, das in Gott selbst geschieht. *Caritas* pulsiert ständig in Gott, der in sich selbst Beziehung ist und Dialog zwischen Vater und Sohn in der Einheit des Geistes. Jen-

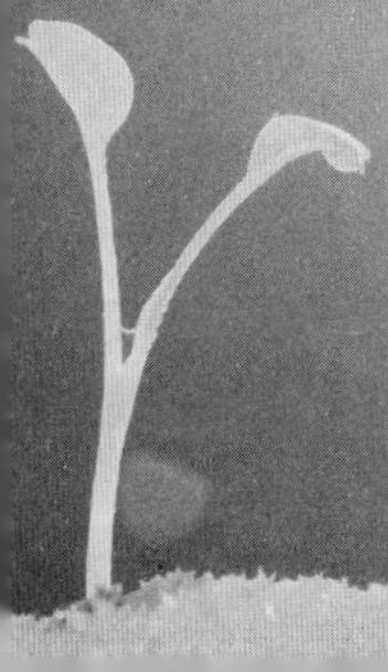

seits von Zeit und Raum ist Gott immer derselbe: Vater, Sohn und Geist. Von Ewigkeit her ist er dasselbe: *caritas*. Wir werden nie die Breite und Länge, die Höhe und Tiefe (vgl. Eph 3,18) seiner inneren Wirklichkeit ermessen können, die dennoch unsere Heimat ist. Gott will schon jetzt sein Innerstes für uns öffnen und uns an seiner *caritas* teilhaben lassen. Darum ist der Sohn Mensch in Jesus Christus geworden. Darum wurde der Heilige Geist über uns ausgegossen wie ein Sturmwind, der sich wie ein sanftes Säuseln in die Herzen geschlichen hat.
Der Sohn und der Geist führen uns ständig zurück zum Vater. Er ist wie lebendiges Wasser in uns, das hervorquillt und mit unaussprechlichen Seufzern murmelt: »Komm zum Vater!« Der Vater selbst ist Ursprung im Ursprung, die Quellader, aus der der Sohn und der Geist hervorströmen. Dieser lebendige Fluss ist die *caritas*. In ihn sind wir in der Taufe hineingetaucht worden. Die Taufquelle trocknet nie aus. Das lebendige Wasser strömt in uns hervor, frisch und verjüngend. Es gibt immer *caritas*, die wir entgegennehmen und weitergeben können. Wir sind innerlich nicht leer.
Wir sind als Gottes Ebenbild geschaffen. Von daher sind wir auch gehalten von den Fäden, die die *caritas* spinnt. Wir werden uns immer nach unserem Ursprung sehnen. Etwas in uns, das wir bisweilen zu verdrängen oder zu verbergen versucht sind, wird uns stets zurück zu Gott ziehen. Es gibt eine magnetische Kraft, die den Menschen heimzieht, heim zur *caritas*, wie sehr er auch immer versuchen mag, in die Gegenrichtung zu gehen. Gewiss kann man sich dem widersetzen oder es verneinen, aber je mehr man dagegen ankämpft, desto mehr bestätigt man indirekt, aus welchem Material man gemacht ist. Man kann auch versuchen, die *caritas* herabzusetzen,

zu verdrehen oder zu entstellen. Doch auch das zeugt wiederum von der Kraft, die von ihr ausgeht. Darum ist es am besten, sofort zu kapitulieren. Am Ende wird auf jeden Fall die *caritas* das Spiel gewinnen.

Was können wir tun, um die *caritas* anzunehmen und zum Zentrum unseres Lebens zu machen? Zuallererst gilt es einfach zu akzeptieren, dass es so ist: Gott hat mich als sein Ebenbild geschaffen, und Gott ist *caritas*. Alles in mir wird von dorther geprägt und sehnt sich dorthin zurück. Gott hat sich selbst in Jesus Christus geoffenbart, der den Heiligen Geist in unsere Herzen gesandt hat, um uns zum Vater heimzuführen. Wenn ich Jesus in meinem Leben empfange und mich von seiner Botschaft erleuchten lasse, mich von seinem Wort unterweisen und von seinem Blick anstrahlen lasse, wird mein Leben immer mehr von der *caritas* geprägt. Dann kann ich auch all das weitergeben, was ich empfange. Meine größte Freude wird sein, das austeilen zu dürfen, was so unendlich größer ist als ich: Gott und seine *caritas*. Und je mehr ich austeile, desto mehr bekomme ich. Je ärmer ich an mir werde, desto reicher werde ich an Gott, an *caritas*.

Jeden Tag darf ich mich aufs Neue von der *caritas* überschütten lassen. Es ist wichtig, den Tag bewusst zu beginnen und ihn als große Gabe zu sehen. Gott vertraut mir etwas Neues und Spannendes an: ein unbeschriebenes Blatt. Ich habe einen ganzen langen Tag vor mir, den ich mit Inhalt füllen kann. Was mir an diesem Tag widerfährt – sowohl innerlich als auch äußerlich –, ist einzigartig. Es wiederholt sich nie. Nie wird es genau so wiederkehren. Aber der Grundton ist stets derselbe: *caritas*. Dann liegt es an mir, diesen Grundton zu variieren und ihm verschiedene Nuancen und Ausdrücke zu geben.

Wenn ich mich von Jesu Blick anschauen und von seinem Wort inspirieren lasse, beantworte ich seine *caritas* bei jedem Atemzug, jedem Gedanken und jeder Begegnung auf natürliche Weise. Nichts von dem, was tagsüber geschieht, ist bedeutungsloses Material. Alles kann man gebrauchen zur Ehre Gottes und zum Wohl des Nächsten. Auf diese Weise kann mir alles Anlass zur Freude werden, so dass ich mich nie zu langweilen brauche. *Caritas* ist das beste Heilmittel gegen Depression und Überdruss, gegen Selbstmitleid und Selbstüberhebung.
Am Ende des Tages darf ich ein fertig geschriebenes Kapitel abschließen und es in Gottes Hände legen – und am Ende des Lebens ein ganzes Buch. Es kommt nur darauf an, durch meine ganze Lebensgeschichte, das heißt durch meine Heilsgeschichte hindurch, den Grundton unverfälscht zu bewahren. Dann kann die *caritas* das letzte Wort in meinem irdischen Leben haben. Der Übergang zum ewigen Leben wird leicht und unbeschwert, denn dort ist nichts anderes als reine Liebe. Das kleine arme, aber jetzt strahlende und glänzende Wort Liebe ist so zurückgekehrt. Es ist einzig die Liebe, die besteht, wenn alles andere vergeht. Darum ist es so wichtig, uns von ihr durch dieses Leben hin zum ewigen lenken und führen zu lassen.

# Entdecke dein dienendes Herz!

Wir glauben an einen Gott, der zu uns gekommen ist, nicht um sich bedienen zu lassen, sondern um zu dienen (vgl. Mk 10,45). Wir werden wohl nie wirklich verstehen und uns zu eigen machen können, wie unerhört diese Aussage ist. Gott, der Schöpfer und Herr von allem, kommt zu uns als Diener und Sklave. Die Demut Gottes ist so groß wie seine Allmacht. Und wie steht es mit uns? Wollen wir bedient werden oder dienen? Immer wieder werden wir vor diese Wahl gestellt. In unseren alltäglichen Begegnungen wird deutlich, auf welcher Seite wir stehen: auf jener des Bedienten oder auf jener des Dienenden. Im Christentum läuft alles darauf hinaus zu dienen. Wir nennen unsere Liturgie Gottes*dienst*. Gott ist Diener aller geworden, und unsere größte Würde ist es, seine und aller Diener zu werden.

Die ganze Kirche ist eine *diakonia*: eine dienende Gemeinschaft, in der alle um den letzten Platz wetteifern. Der schönste Titel des Papstes ist »Diener der Diener Gottes«. Im Innersten Gottes ahnen wir das Urbild all dessen. Grundgesetz und Fundament der Dreieinigkeit ist die sich selbst hingebende, dienende Liebe zwischen den göttlichen Personen.

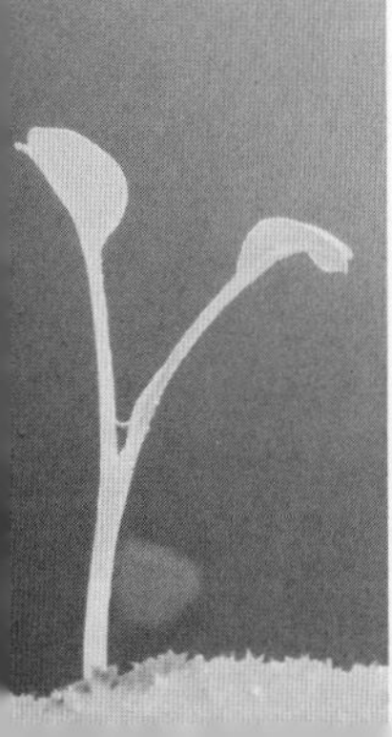

Doch die Worte vom Diener und vom Dienen sind nicht mehr so recht zu Hause im Wortschatz unserer Zeit. Dienerschaft gibt es nur in alten Romanen. Niemand unterschreibt einen Brief mit »ihr geringer Diener«. Im Gegensatz zu den meisten Christinnen von heute nennt Maria sich selbst »Magd des Herren«. Wir müssen all das wiedergewinnen, was aus dem griechischen Wort *diakonia* kommt, auch wenn der Ausdruck nicht mehr recht in heutige Münder passt. Es ist äußerst wichtig, diesen Teil des christlichen Glaubens und Lebens aufzufrischen und wieder attraktiv zu machen. Ausgehend von diesem Begriff stellen sich Menschen gern und frohen Herzens in den Dienst für Gott und den Nächsten. Das ganze Evangelium verströmt diesen Wohlgeruch, der in der *diakonia* liegt. Die unermessliche Schar Notleidender wartet auf uns und unsere *diakonia*. In jedem von ihnen können wir das Antlitz unseres Herrn und Meisters wiedererkennen. Er pflegt in dieser »Verkleidung« zu uns zu kommen. Wir haben es viel näher zu ihm, als wir oft glauben. Aber wir erkennen ihn nur dann wieder, wenn unser Herz ein dienendes Herz sein will – ein Herz, das seinem gleicht – und unsere Hände dienen wollen wie die seinen.
Es gibt viel guten Willen in den Herzen der Menschen. Viele wollen Gutes tun und den Bedürftigen beistehen. Viele haben ein Ideal, das dem des Evangeliums gleicht. Sie wollen globale Solidarität leben. Sie sehnen sich nach Frieden, Gerechtigkeit und Versöhnung. Oft wissen sie aber nicht, *warum* sie so empfinden. Sie ahnen nicht, von *wem* dieses Verlangen kommt. Sie wissen nicht richtig, *wie* sie damit umgehen sollen. Zugleich fühlen sie sich machtlos und wissen nicht, *was* sie tun sollen. Darum ist es so wichtig für uns Christen, ihnen zu hel-

fen, eine tiefere Antwort auf ihre Fragen zu finden. Ihr Verlangen kommt von Gott, der ihnen gerade auf diese Weise persönlich begegnen will. Unsere Aufgabe als Christen ist es, ihnen den Weg zu weisen zur Begegnung mit dem lebendigen Gott, der in den Bedürftigen und Notleidenden auf sie wartet. Wir können ihnen den Weg nur zeigen, wenn wir selbst diese Leidenschaft für die Sache der Leidenden haben, wenn wir wie Jesus eher dienen als bedient werden wollen.

*Diakonia* sollte eigentlich jeden Tag auf unserer Agenda und in unserem Kalender stehen. Man vergisst so leicht das Wichtigste um des Unwichtigen willen. Wir können aber nach und nach durchdrungen werden von der dienenden Hingabe an Christus im Nächsten. Dann entdecken wir zu unserer Freude, dass es unzählige Möglichkeiten gibt, in diesem Geist zu leben. Jede Beziehung, jede Begegnung gibt uns eine neue Chance. Wir können dem Herren einfach nur danken, dass er uns in seiner Güte in jedem Menschen begegnen und dadurch das Beste in uns hervorlocken will.

Wir sind uns aber auch darüber im Klaren, dass es manchmal sehr fordernd sein kann, so zu leben. Vor allem wenn wir Menschen begegnen, die wir anstrengend, fordernd oder unerträglich finden, werden wir auf die Probe gestellt. Gut so! Die Liebe erweist sich gerade in den Schwierigkeiten des Lebens; dort kann sie als wahr und echt befunden werden. Oft versagen wir. Gerade dann dürfen wir Christi Liebe in uns hineinströmen und unser Herz von ihr füllen lassen. Wir sollen seine Liebe verwalten und an jene weitergeben, denen wir begegnen, und sie verweisen uns wiederum auf ihn. Wie es in dem berühmten Gebet des heiligen Patrick heißt: »Christus ist immerdar vor uns, hinter uns, neben uns, ja, überall um uns herum. Nirgendwo sind wir ohne ihn.«

Gott hat so viele ausgeklügelte Weisen, sich in unser Herz einzufädeln. Niemand kann sich seinem Einfluss ganz verschließen. Selbst Menschen, die steif und fest behaupten, dass sie nichts von ihm wissen wollen, können ihm unbewusst dienen, wenn sie bedürftigen Menschen dienen. Jesus selbst sagt, dass viele sich wundern werden, wenn sie erfahren, dass sie ihm dienten, ohne es gewusst zu haben (vgl. Mt 25,31-46). So sehr liebt Jesus auch jene, die sich von ihm abgewandt haben, dass er sich »verkleidet«, um an die besten Kräfte in ihnen zu appellieren.

Auf die Dauer ist es schwer, einem solchen Herrn nicht zu dienen. Am besten kapituliert man stehenden Fußes. Er wird uns am Ende doch überlisten. Er hat so viele »Verkleidungen«, so viele Kriegslisten und Kniffe, dass wir am besten so schnell wie möglich die Waffen strecken und unsere Freude darin finden, ihm von ganzem Herzen zu dienen.

# In Jesu Fußspuren treten

Es liegt in unserer menschlichen Natur, jene nachzuahmen, die wir mögen. Wir möchten gern ihrer sympathischen Fußspur folgen. Unsere Idole und Ideale können sehr verschieden sein, dennoch scheinen wir alle jemanden oder etwas zu gebrauchen, das wir nachahmen und dem wir nachfolgen können. Das gilt für alle, immer und überall. Nicht zuletzt in unserer Zeit sehen wir, wie man den Sprachstil, das Auftreten und die Kleidung eines Idols nachzuahmen versucht. Die Welt scheint voll von schlechten Kopien zu sein. Deshalb ist es so wichtig, wirklich zu wissen, wem man gleichen und nachfolgen will. Für Christen ist es entscheidend, alles daranzusetzen, Jesus nachzufolgen. In unserem Leben sollen wir lernen, immer besser in seinen Fußspuren zu gehen. Das innere Auge muss sehen lernen, wie wir uns in verschiedenen Situationen verhalten sollen, um Jesu Nachfolger zu werden. Damit ist kein sklavisches Nachahmen gemeint, sondern eine freie, vom Geist inspirierte Wahl, Jesu Antlitz zu suchen und uns in ihm zu spiegeln. Stehen wir ihm von Angesicht zu Angesicht gegenüber, entdecken wir, wie wir ihm in allen Wechselfällen des Lebens folgen können.

Wie sehr freuen wir uns, wenn wir tiefer erkennen, dass wir uns vom Geist in die Nach-

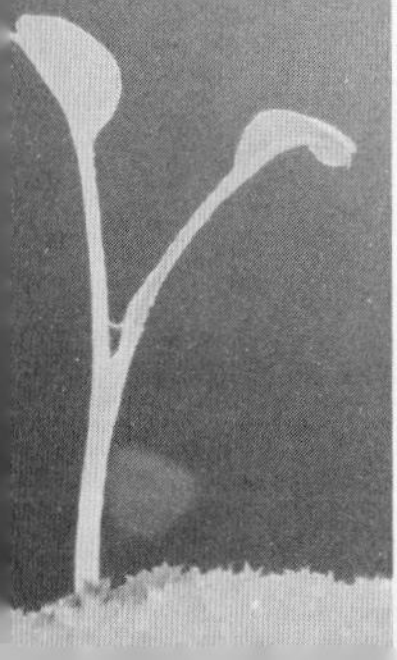

folge Jesu führen lassen! Wir wollen ihm auf den Fersen folgen. Jeder neue Augenblick des Tages wird dann zu einer neuen Begegnung mit dem Herrn. Es gibt immer neue und spannende Weisen, ihm zu begegnen und nachzufolgen. Jeder Augenblick unseres Lebens ist neu und einmalig. Er hält eine besondere Einladung bereit, Jesus auf eine Weise nachzufolgen, die nicht wiederholt werden kann, da dieser Augenblick niemals zurückkehrt. Stellen wir uns vor, wir könnten auf jeden Augenblick so schauen, als wäre er ein gerade eben entdeckter Schatz, der uns anvertraut wurde, um ihn im Dienst Gottes zu gebrauchen und – inspiriert vom Geist – Jesus nachzufolgen. Dann wäre das Leben nie leer und inhaltslos.

Wir stehen ständig am Scheideweg. Wir dürfen unseren Weg wählen. Wir haben einen freien Willen bekommen, um die Freude zu entdecken, uns Gott freiwillig und bewusst zu schenken. Wir dürfen uns ihm an jedem Scheideweg neu überlassen. Was allein zählt, ist Jesus nachzufolgen und uns von ihm leiten zu lassen. Lassen wir uns betören von seinem Wohlgeruch und berauschen von seiner Liebe!

Langsam, aber sicher entwickeln wir dann eine Art von Nachtsehen, das uns Jesus spontan folgen lässt in völlig unerwarteten und komplizierten Situationen; einen Rückenmarkreflex, der uns in seine Gefolgschaft drängt. Wir sind an ihn gekettet mit dem zarten, aber unauflöslichen Band der Liebe. Je fester wir an ihn gebunden sind, desto freier werden wir. Getrieben vom Sturmwind des Geistes eilen wir voran auf dem Weg Jesu. Wir hören auf das Säuseln des Geistes und das kleinste Wort aus dem Munde Jesu und werden ganz Ohr für alles, was er uns sagen will.

Um in der Nachfolge Jesu leben zu können, müssen wir

uns frei machen von anderen bewussten oder unbewussten Idolen und Götzen, denen wir oft folgen, ohne es richtig zu merken. Besonders in einer Zeit, in der die Massen leicht beeinflusst werden können, sei es durch autoritäre Ideologien oder durch die unauffälligere Diktatur des Konsumismus, sollte man hellwach sein. Es ist so leicht, jemandem oder etwas sklavisch zu folgen. Bevor man es durchschaut hat, ist man eine leichte Beute für alle möglichen Einflüsse geworden. Alle Menschen haben ihre Dogmen, denen sie folgen. Selbst jene, die sagen, es gäbe keine Dogmen, werden von einem Dogma geleitet, jenem nämlich, dass es keine festen Dogmen gibt. Wenn das kein äußerst starres Dogma ist!
Es ist deshalb entscheidend, wem man folgen will und wovon man sich leiten lässt. Wer sagt, er glaube an nichts, ist imstande, an alles zu glauben, wie verrückt es auch sein mag. Wir bekommen Teil an der Hellsichtigkeit des Geistes, um unsere verborgenen Bindungen zu unterscheiden; Bindungen, die uns aufs falsche Gleis setzen. Wie groß und überraschend kann die Freude sein, wenn wir sehen, dass wir uns von diesen Banden befreien können, und uns stattdessen von Jesus binden lassen und ihm immer mehr folgen.
Je mehr unser inneres Auge vom Licht Christi erhellt wird, desto deutlicher sehen wir, wie wir ihm in den Wechselfällen des Lebens nachfolgen können. Schweigen und Gebet, Nachdenken und Reflexion sind unerlässlich, wenn wir einen neuen Schritt auf dem Weg der Nachfolge tun wollen. Nehmen wir uns diese Zeit, werden wir immer reicher an den Schätzen des Geistes. Es wird immer wunderbarer, in Jesu Fußspuren zu gehen, aber nicht immer leichter und bequemer. Wir folgen einem gekreuzigten Herrn. Da wäre es höchst erstaunlich,

wenn wir ihm nicht helfen sollten, sein heiliges Kreuz zu tragen, sei es auch nur einen kleinen Splitter. Gerade darin erweist er uns seine Gnade und sein Vertrauen.
Gerade dort erweist sich auch, ob wir es ernst meinen mit der Nachfolge. Viele kehren auf dem Absatz um, wenn sich das Kreuz bemerkbar macht. Doch die wirklich Treuen folgen ihm auch dann. Wenn wir mit Jesus auf seinem Kreuzweg gehen, bekommen wir auch Teil an seiner Herrlichkeit. Kreuz und Auferstehung gehören zusammen. So war es für Jesus. Wie sollte es da für seine Nachfolger anders sein?

# Finde deine innere Kraftquelle!

In Gott herrscht eine Atmosphäre, nach der alle Menschen sich zuinnerst sehnen und in der sie leben möchten. Auch jene, die Gott nicht kennen oder sagen, sie wollen nicht an Gott glauben, sehnen sich zurück nach dieser Atmosphäre. Es ist schon eigenartig, nein, eigentlich ist es vollkommen natürlich, dass man seinen Ursprung auf Dauer nicht ganz und gar verdrängen kann. Der Mensch

ist geschaffen als Gottes Ebenbild. Er hat ein Heimweh behalten, eine geheimnisvolle Bindung zu dem, von dem er kommt. Aber wie können wir die Atmosphäre beschreiben, die im Innerem Gottes herrscht? Es gibt keinen besseren Ausdruck dafür als das Wort *Friede*[1]. In Gottes Augen sind Friede und Frieden dasselbe. Er unterscheidet nicht so stark zwischen Innen und Außen wie wir. Das biblische *shalom* hat seinen Ursprung in Gottes innerer, ewiger Wirklichkeit. Wir dürfen sowohl *shalom* als innere Kraftquelle gebrauchen als auch nach außen verbreiten, damit die ganze Welt von Gottes innerem Klima durchwirkt wird. Deshalb sagt Jesus: »Selig die Friedfertigen, denn sie werden Söhne Gottes heißen« (Mt 5,9). Kinder

Friede ist eine unverdiente Gnadengabe, die uns von Beginn an zu eigen ist, aber auch etwas, dessen wir uns zärtlich annehmen und für das wir aktiv kämpfen sollen. Wir können jederzeit zu Gottes Atmosphäre zurückkehren, weil es sie immer gibt. Aber wir müssen uns auch all dessen annehmen, was diesen Geist des Friedens verdunkelt. Wer einmal das Glück des Friedens zu schätzen und zu schmecken gelernt hat, bekommt eine Art von sechstem Sinn, ein Gegengift der Gnade gegen alles, was den Frieden bedroht, stört und erschüttert. Die Stimme des Gewissens ist intim verbunden mit diesem Frieden. Wir werden nie Seelenfrieden haben, wenn wir gegen Gottes Willen und Gebot angehen. Friede ist kein Selbstzweck, sondern der innere Raum, wo wir uns Gottes erfreuen können, seiner Güte, Schönheit und Wahrheit. Allerdings werden wir dort nicht heimisch, wenn

1 Im Schwedischen gibt es zwei Worte, die man im Deutschen mit Frieden und Friede übersetzen könnte: (i) fred = politischer, gesellschaftlicher Frieden, die öffentlich-äußerliche Seite des Friedens; (ii) frid = innerer Friede, Gelassenheit, Ausgeglichenheit, wird oft in religiösen Zusammenhängen gebraucht (A. d. Ü.).

wir in Selbstsucht und Sünde verharren. Wir müssen das Unkraut aktiv ausreißen, das den Frieden zu blühen hindert. Allein so werden wir Seelenfrieden finden.

Was wir inneren Frieden nennen, ist stets mehr als das, was wir unter äußerem Frieden verstehen. Der innere Friede, den wir bekommen und zu wahren versuchen, soll seinerseits zum Frieden mit allen Menschen führen. Friede gibt es nie nur um seiner selbst willen. Es gibt ihn, weil Gott verherrlicht werden soll, indem wir zusammen mit den anderen eine Welt in Frieden und Verständigung aufbauen. Sowohl im Kleinen wie auf der großen Weltbühne muss der Frieden das letzte Wort haben, Gott zur Ehre und den Menschen zum Heil. Das innere Leben unterscheidet sich nicht grundsätzlich von den sozialen und politischen Umständen, wo Frieden werden muss. Jesus Christus ist ein Friedens- und ein Friedefürst. Er ist gekommen, um alles und alle zu retten und uns in den Frieden zu führen, der all unser Begreifen übersteigt und der niemals enden wird. Aber dieser Friede muss hier und jetzt beginnen, mitten in der Verwirrung und dem Chaos, in dem wir Menschen leben. Auch dort soll man den Segen des Friedens schmecken und von ihm leben können.

In der Messfeier hat der Friede einen festen Platz. Mit den Worten »Friede sei mit euch« wird die Messe eingeleitet. Und am Ende wird man ausgesandt mit »Gehet hin in Frieden«. Im Gottesdienst empfangen wir einen Vorgeschmack des himmlischen Friedens, der uns verwandelt. Ihn sollen wir an alle weitergeben, damit der Teil der Welt, den Gott uns anvertraut hat, verwandelt wird. Gottes innere Atmosphäre soll alles und alle durchdringen. Als Friedensstifter werden wir ausgesandt, um uns der Umgebung anzunehmen, in der wir leben. Auch diese

soll vom Gottesfrieden durchdrungen werden. Gott will alles in allen werden (vgl. 1 Kor 15,28), überall und immerdar.
Manchmal müssen wir um den Frieden ringen. Um in Gottes Friede zu bleiben, müssen wir gegen unsere eigenen Begrenzungen kämpfen, nicht zuletzt gegen Selbstmitleid, das besonders gefährlich für den Seelenfrieden ist. Fort mit allem, was nach Bitterkeit und Galle schmeckt, damit der Friede voll erklingen kann! Gerade das erfordert oft Kampf und Streit. Auch im Äußeren müssen wir für den Frieden kämpfen. Er findet sich nicht von selbst ein. Wir müssen die eigene Feigheit und Bequemlichkeit besiegen, ja, die Trägheit unserer Umgebung, damit der Frieden Gottes schon hier und jetzt herrschen kann. Das Gebet ist die fruchtbarste Waffe, um die Feinde des Friedens zu bekämpfen. Das Gebet ist die einzige Waffe, die wir gebrauchen dürfen im Streit gegen alles und alle, die dem Frieden auf Erden entgegenwirken. Sonst laufen wir Gefahr, dass wir, ohne es zu merken, Kriegsvolk statt Friedensvolk werden. Wir gehören zu einem König, der in Niedrigkeit und Schwachheit gekommen ist, um uns den Frieden zu schenken, der zum Reich seines Vaters gehört. In diesem Reich ist alles von Friede und Frieden geprägt. Deshalb können wir die Jungfrau Maria auch Königin des Friedens nennen. Wir alle haben einen Platz und eine besondere Aufgabe in diesem Reich des inneren und äußeren Friedens sowohl hier und jetzt als auch in alle Ewigkeit. Denn eines Tages wird des Friedens kein Ende sein (vgl. Jes 9,6) …

# Freude – unser Lebenselixier

Wir sind für die Freude geschaffen. Die ganze Bibel atmet eine Freude, die niemandem entgehen kann. Das gilt insbesondere für die Psalmen. Dort wird deutlich, wie tief menschlich und wahrhaft göttlich die Bibel ist. Freude muss letztlich etwas mit Gott selbst zu tun haben. »Gott ist die unendliche Freude«, sagte einmal die chilenische Heilige Teresa de los Andes[2]. Freude ist ein göttliches Mysterium, eine transzendente Wirklichkeit. Darum werden wir auch nie ganz verstehen, was das innerste Geheimnis der Freude ist. Wir können die Freude weder definieren noch analysieren. Wir können sie lediglich entgegennehmen wie eine wunderbare Perle, als Gnade und Gabe.

Es gibt dennoch Hinweise, wie wir uns verhalten können, um der wahren Freude zu begegnen. Woran wir uns vor allem immer wieder erinnern sollten? Je mehr wir Glück und Freude allein für uns suchen, desto schwieriger wird es, Freude zu finden und zu bewahren. Wer sie sucht, um sie allein zu genießen, wird

2 Teresa de los Andes (1900–1920) war eine chilenische Karmelitin. Mit 18 Jahren trat sie bei den Karmelitinnen in Los Andes ein. Ihre feierliche Profess legte sie im Angesicht des Todes, am 7. April 1920 ab. Papst Johannes Paul II. sprach sie 1987 selig und 1993 heilig (A.d.Ü.).

schnell unzufrieden und jagt hektisch weiter, ohne jemals ans Ziel zu gelangen. Dies ist eine ständige Versuchung, die wir selten zu durchschauen scheinen. Freude finden wir nur in einem *Anderen* und letztendlich ist dieser Andere immer Gott selbst, er, der die Quelle und der Ursprung der Freude ist, ihr Ziel und ihr Sinn. Alles also, was mit Gott zu tun hat, schenkt tiefe Freude. Je mehr wir uns an Gott halten, desto natürlicher bleiben wir in der Freude. »Bleibt in mir« (Joh 15,4), sagt Jesus. Tun wir das, ist die Freude niemals fern. Wann immer wir das Wohl des *Anderen* (Gott) oder der anderen suchen, ist die Freude irgendwo im Hintergrund als ein Nebenprodukt, als eine Atmosphäre, die wir nicht immer bemerken oder in der wir nicht immer schwelgen, aber dennoch trägt sie uns und verankert uns im Dasein.

Die Psalmen lehren uns, die Freude wie ein Fluidum zu inhalieren. Der Jubel ist nie fern, der Jubel über Gottes Herrlichkeit und Güte, die wir schmecken dürfen. Die Gläubigen des Alten Bundes brechen immer wieder in Jubel über Gottes Gesetz aus.

Wir Gläubige von heute haben hier noch viel zu lernen, wir, die wir eher geneigt sind, Gottes Gebote als schwere Bürde anzusehen, der wir uns notgedrungen beugen müssen. Doch Gottes Gebote sollten unser Herz erfreuen. Dann wird es auch spielerisch leicht, nach ihnen zu leben. Ist es nicht wunderbar, dass Gott so sehr an unserem Besten gelegen ist, dass er uns Meilensteine zum guten Leben gibt; das einzige Leben, das uns froh über Gottes eigene Freude macht und uns bereitet für die ewige Freude?

Das Leben ist eine Gebetsschule für den gläubigen Menschen. Darum steht auch die Freude auf dem Lehrplan. Doch auch hier gilt die Grundregel: Ich suche nicht

Freude und Glück um meinetwillen oder um der Freude oder des Glückes willen. Freude ist von ihrem Wesen her stets ekstatisch. Sie führt mich heraus aus mir selbst und hinein in Gottes unendlichen Raum. In ihm habe ich meine Freude. Für ihn opfere ich mein persönliches Glück und meine persönliche Freude. So paradox es klingt: Erst so finde ich sie.
»Brot ist wichtig, die Freiheit ist wichtiger, am wichtigsten aber ist die unverratene Treue und Anbetung«, sagte der Jesuit Alfred Delp, der der Verfolgung durch die Nationalsozialisten zum Opfer fiel. Das Selbstloseste überhaupt ist die Anbetung. In Gott und seiner Herrlichkeit aufzugehen, so dass man die Sorge um seine eigenen Bedürfnisse und Gefühle verliert, macht uns harmonischer als alles andere. Schade, dass so wenige entdeckt haben, was ein Heilmittel für viele Probleme sein könnte.
Gerade hier liegt die Tragik der Sünde: nicht zu verstehen, was das innere Grundgesetz und Fundament des Daseins ist. Doch gib die Hoffnung nie auf! Wenn man versucht, Anbetung zu lernen, wenn man am Gottesdienst und an der Liturgie teilnimmt, dann kann es uns plötzlich leuchtend klar aufgehen: Ich bin nicht um meiner selbst willen da, sondern um Gott anzubeten, zu verherrlichen und zu preisen. Das Halleluja wird dann vollkommen natürlich. Freude stellt sich unversehens ein und bleibt auf dem Seelengrund. Genau das ist ein echtes Zeichen für eine Freude, die man nie mehr verliert. Sie setzt sich fest auf der Innenseite der Seele und ist so beständig, dass weder Trauer noch Schmerz sie von dort völlig vertreiben können.
Ostern, Jesu Ostermysterium, zeigt uns, dass Leiden und Heilung, Tod und Auferstehung, Trauer und Freude

zusammengehören. Jesus nimmt unseren Schmerz auf sich, unsere Sünde, um uns seine Freude und Heiligkeit zu schenken. Jeden Sonntag feiern wir aufs Neue Ostern. Jeder Sonntag ist Auferstehungstag. Nach der Mühsal und den Schwierigkeiten der Woche können wir über Christi Sieg jubeln. Sollten wir da fernbleiben vom Haus Gottes und der Liturgie zu seiner Ehre? Allein dort können wir die Freude empfangen und uns in sie einüben. Dort kann sie unser ständiger Begleiter werden, ja, die Atmosphäre, in der wir leben und deren Luft wir einatmen.

Es scheint eine soziologisch zu belegende Tatsache zu sein, dass Menschen griesgrämiger und unglücklicher dreinblicken, je weniger sie zur Kirche gehen. Wie sehen die meisten am Montagmorgen in der U-Bahn aus! Auch wenn sie das ganze Wochenende gefeiert und Spaß gehabt haben, sieht man doch wenige Spuren der Freude in ihren Augen und ihrem Verhalten. Sonntag ist Auferstehungs- und Freudentag. Versäumen wir ihn, lernen wir nicht, was wahrhaftige und echte Freude ist. Die Sabbatfreude des Alten Bundes leuchtet erst richtig in der Feier der Auferstehung. Sonntag ist der Tag der Freude. Nutze ihn!

# Was Gott zu Gott macht

Es gibt etwas in Gott, das Gott zu Gott macht. Es ist etwas so Typisches für ihn, dass es synonym mit seinem Wesen ist. So richtig werden wir nie wissen, was es ist und wie wir es beschreiben und analysieren können. Wir müssen davor kapitulieren. Wir können nur in Anbetung niederfallen. Wir sollten unsere vollkommene Unwissenheit und unser Unvermögen anerkennen. Dennoch ist es gerade dies in Gott, für das wir geschaffen sind, um daran teilzuhaben und von ihm verwandelt zu werden. Wir werden keine Ruhe finden, bis wir begonnen haben, uns ihm zu öffnen und immer tiefer von ihm geprägt zu werden. Allein dieses vollkommen Unbekannte kann unseren Durst löschen und unsere Sehnsucht stillen. Was es eigentlich ist, werden wir erst im Jenseits erfahren. Dennoch können wir es mit der gesamten Bibel und den Christen aller Zeiten in ein einziges Wort fassen: Heiligkeit.

Gott ist radikal anders als alles, was wir sehen, denken, uns vorstellen und kennenlernen können. Gerade deshalb wird der Mensch von Furcht ergriffen, wenn Gott ihn wirklich berührt. Denken wir nur an Mose, der im brennenden Dornbusch Gottes unendliche Größe ahnt (vgl. Ex 3). Wir können lediglich niederfallen und anbeten. Wir können lediglich ka-

pitulieren und uns ihm übergeben, wenn wir ein wenig von Gottes Heiligkeit berührt werden. Das geschieht auf sehr unterschiedliche und überraschende Weise. Die meisten von uns werden nie einen brennenden Dornbusch oder ein anderes außerordentliches Phänomen, das uns überwältigt, zu Gesicht bekommen. Gottes Heiligkeit zeigt sich eher zurückhaltend und verborgen. Wer aber wirklich sein Angesicht und seinen Willen sucht, dem werden sie nicht entgehen. Gott ist tatsächlich hier und bricht sowohl aus innerem wie äußerem Nebel und Dunkel hervor, um uns mit seiner Heiligkeit zu berühren. Es gilt, sich einfach berühren, sich von der Sonne seiner Heiligkeit anstrahlen zu lassen. Am besten also sonnt man sich in Gottes Heiligkeit.

Wir wissen, dass der dreieinige Gott alles geschaffen hat und uns deshalb durch alles Geschaffene erreichen kann. Nichts kann seinen Ursprung ganz verbergen oder verneinen. Gottes Heiligkeit kann aufscheinen, wo wir es am wenigsten erwarten. Es ist ein Privileg Gottes, dass er uns jederzeit überraschen kann. Vollständig unerwartet kann uns seine Heiligkeit widerfahren. Der brennende Dornbusch zeugt davon, dass das Geschaffene uns auf ihn verweisen und das weitergeben kann, was das innerste Wesen und das Geheimnis des Schöpfers ausmacht.

In Jesus Christus offenbart sich Gottes Heiligkeit, inkarniert sich seine volle Kraft in der Kraft des Geistes. Er ist der Heilige Gottes, der eingeborene Sohn, der um unseretwillen im Schoß der Jungfrau Mensch geworden ist. In ihm schauen wir die Heiligkeit in menschlicher Gestalt. Die Heiligkeit kommt uns unendlich nah in Jesus. Zugleich wird die Heiligkeit noch größer, noch unbegreiflicher, weil sie uns auf menschliche Weise

anstrahlt. Die Heiligkeit gehört sowohl zu seiner göttlichen wie zu seiner menschlichen Natur. Wir werden nie ganz verstehen, wie Gottes Eigenart, seine Heiligkeit, auch in Jesu menschliche Natur einströmen kann. Noch weniger werden wir verstehen, dass sie dann aus Jesu durchbohrtem Herzen strömen und so in uns Menschen hineinströmen kann. Jesus gründet seine Kirche, seine heilige Braut, um uns Anteil an seiner Heiligkeit zu schenken. In der Taufe haben wir die Heiligkeit wie ein kleines Samenkorn gleich einem Senfkorn oder wie einen Sauerteig empfangen (vgl. Mt 13,31-33). Dieses Körnchen soll wachsen und heranreifen und Frucht bringen in unserem Leben. Wir sind lediglich der Ackerboden für Gottes Heiligkeit. Sein ist das Werk. Wir brauchen nur Ackerboden zu sein, *humus*, also jene, die wir demütig (*humiles*) zu nennen pflegen. Dann kann das Samenkorn nicht anders, als Frucht zu bringen, hundertfach, ja, tausendfach. Das kleine Korn kann fruchtbar werden im kleinen Menschen, der den kleinen Weg zu gehen bereit ist. Darum entdecken so wenige den Weg der Heiligkeit. Denn sie wollen ausschließlich auf breiten Autobahnen fahren.
Am Anfang erscheint uns menschliche Heiligkeit als unmöglich. Wenn wir aber auf Jesus schauen, der wahrhaft Mensch ist, verstehen wir, dass gerade dies das einzigartig Christliche ist: Gott wird Mensch, um uns Menschen durch die Heiligkeit seines Sohnes zu heiligen. Wir befinden uns mitten in diesem Prozess. Genau das macht die Kirche aus und soll uns prägen bis zum Ende der Zeit. Die Heiligkeit kann immer tiefer in uns und die ganze Menschheit eindringen. Stets gibt es noch mehr Raum für Heiligung; so viele Winkel und Ecken in der Tiefe der Seele und den Labyrinthen der Gesellschaft, in die Got-

tes Heiligkeit eindringen und sie verwandeln kann. Noch einmal, Heiligkeit ist immer Gottes Heiligkeit und nur seine. Aber gerade deshalb kann sie alle erreichen, überall und immerdar. Den Menschen hindert lediglich, dass er sich nicht in der Sonne von Gottes Heiligkeit sonnen will. Der Mensch ist frei. Er kann nein sagen. Womöglich sagt er öfter: »Jetzt gerade nicht.« Wir fliehen vor der Heiligkeit. Nichts schreckt uns mehr ab. Wir lieben unser Halbdunkel, unsere Mittelmäßigkeit und Lauheit. Dennoch gibt Gott nicht auf. Seine Sonne geht auf über Bösen und Guten. Es gibt immer wieder eine Chance, sich in Gottes Heiligkeit zu sonnen. Wie sehr wir auch versuchen, uns vor seiner Sonne zu verstecken, es wird uns nicht gelingen. Zum Glück! Gerade das ist unser kleines Glück, dass wir die Sonne nie vollständig aussperren können. In seiner Heiligkeit ist Gott stärker als wir.

## Lüfte den Nebelschleier der Lauheit!

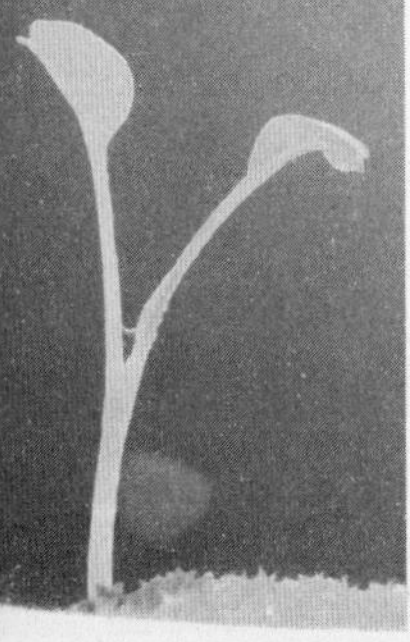

»Das kommt sowieso aufs Gleiche hinaus, alles ist egal«, scheint das Credo vieler Menschen heute zu sein. Toleranz und Respekt für den Glauben anderer verwechselt man schnell mit Lauheit oder Gleichgültigkeit. Es gibt kaum etwas Schlimmeres. Das ausschließlich Böse ist ziemlich selten, aber die Gleichgültigkeit kann normale und vernünftige Menschen bewegen, fast jede denkbare Grausamkeit zu akzeptieren oder zu begehen. Durch die Erbsünde gibt es in uns allen einen tragischen Mangel an Empathie. Darum fasste Gott den Beschluss, sich kreuzigen zu lassen, um uns vom Bösen zu erlösen. Gott wollte leiden, um das Beste in uns hervorzulocken, das, was oft in uns eingeschlafen oder gar gestorben ist: die mitleidende Liebe. Wenn uns aufgeht, dass das Kreuz unser Heilmittel ist, nicht nur gegen den Bazillus der Gleichgültigkeit, sondern auch gegen die Herrschaft des Bösen, werden wir von heiligem Eifer für Gottes Sache ergriffen. Ein Gott, der so große Liebe zu uns und unserem Heil hat, weckt etwas in uns, das wir Eifer nennen können. Für etwas zu eifern, bedeutet stets auch zu lieben.

Als Christen eifern wir für Jesus und seine Sache. Die Lauheit liegt wie ein Nebelschleier zwischen uns und ihm. Die Gleichgültigkeit kann uns von innen her lähmen. Darum müssen wir sie immer abschütteln und uns stattdessen mit Eifer bekleiden.

Oft sind wir misstrauisch gegenüber jemandem, der allzu eifrig wirkt. Wir haben zu viele Fanatiker jeglicher Couleur gesehen, so dass Eifer unseren Widerwillen hervorruft. Von daher ist es notwendig, den Eifer der Propheten für Gottes Heiligkeit und den heiligen Eifer für das Heil der Menschen zurückzugewinnen. Der alte, abgestoßene Begriff muss aufpoliert werden. Nichts ist wichtiger für uns träge und laue Christen. Wir sollten im Inneren ordentlich durchgeschüttelt und verwandelt werden. Erst dann verstehen wir, dass ein lebendiger Mensch immer für etwas eifert. Eifern wir nicht für Gottes Sache, laufen wir Gefahr, dass wir einzig und allein für unsere kleinen Angelegenheiten eifern: Karriere, Vergnügungen, Aktien oder Muskeln. Solange wir leben, wird es immer etwas geben, das uns antreibt. Deshalb sollten wir das Richtige wählen. Was verdient unseren Einsatz und unser Engagement? Natürlich Gott! Und eifern wir für ihn, eifern wir für alles, was gut, wahr und schön ist.

Der Eifer lässt uns die scharfe Trennlinie zwischen Gut und Böse, zwischen Falschem und Echtem erkennen. Dieser messerscharfe Unterschied entgeht uns, wenn wir uns auf Dauer im Land des Mittelmaßes und in lauen Gewässern einnisten. Das Mittelmaß kann auch in unseren Gemeinden und anderen frommen Zusammenhängen zu einem Gott werden. Dann brauchen wir wirklich den Eifer, den Jesus selbst verkörperte, als er die Händler aus dem Tempel vertrieb. Nur so konnte er sie retten. Darum dürfen wir uns nicht wundern und aufgebracht sein, wenn er uns in seinem Eifer mit Hieben und Schlägen traktiert. Bisweilen haben wir einen Rüffel und eine Zurechtweisung nötig. Die Liebe ist mild und geduldig, aber auch leidenschaftlich. Sie kann uns wie ein brennender Pfeil mitten ins Herz treffen und es verwunden. Jesus selbst wurde am Kreuz tödlich verwundet. Wir können an seiner Wunde teilhaben, manchmal äußerst schmerzhaft und unangenehm. Doch nur so lernen wir, für Jesus und sein starkes Verlangen zu eifern: Seelen zu retten und die Welt zu erlösen.

Doch was geschieht, wenn wir von heiligem Eifer gepackt werden? Schrecken wir dann nicht viele Menschen ab? Werden sie uns als Fanatiker betrachten? Genau hier brauchen wir die Klugheit und den Rat des Geistes. Eifer kann lebensgefährlich sein und einhergehen mit Einbildung und Übermut. Besonders der Neubekehrte, ja, der Novize in seinem Kloster, wird häufig davon versucht. Das Kriterium für echten Eifer in der Nachfolge Jesu ist wahre Demut. Setzen wir uns in unserem Eifer auf das hohe Ross und schauen herab auf die vermeintliche *massa damnata*[3], stürzen wir uns selbst ins Verderben. Der Eifer Christi macht uns klein und lässt uns das wenige Gute selbst in den größten Sündern sehen, ja, er lässt uns auf uns selbst schauen als die größten Sünder, die diese arme Erde bewohnen.

Wenn es in den Seelen November wird, brauchen wir mehr denn je Eifer und Ausdauer im Gebet und in allem anderen Guten. Der Eifer ist der Vetter des Humors. Können wir auf uns selbst mit Humor schauen und über unsere kleinen Missgriffe lachen, wird der Eifer immer mehr vom Heiligen Geist geformt. Die Heiligen konnten beides, sowohl über ihr eigenes Scheitern und ihre Schwächen lachen als auch für Gottes größere Ehre und die Rettung des anderen eifern.

Könnten wir Christen von heute den Eifer wiedergewinnen – so wie ihn die Propheten und die Heiligen übten –, dann würden wir bald die Welt für Christus erobern. Die Menschen draußen im Morast der Lauheit und Gleichgültigkeit suchen verzweifelt nach Rettung. Sie ahnen nicht, was ihnen widerfährt, doch in ihrem Innersten hoffen sie sehnlichst auf Befreiung. Der Eifer Christi für die Rettung der Seelen, dem wir im Kreuz begegnen, muss auch unserer werden. Dann wird die Welt zur Ruhe kommen. Wenn nicht, versinkt sie im Morast.

3 Ein theologischer Topos, der u. a. bei Augustinus zu finden ist: die Menschen, die zum Untergang verdammt sind (A. d. Ü.).

# Jeder Atemzug ein neues Amen

Eines der wichtigsten Worte überhaupt ist das kleine und bescheidene Wort »ja«. In der Sprache der Bibel heißt es »amen« und ist das wichtigste Wort im Gottesdienst. Mit ihm bejahen wir alles, was Gott uns schenkt – den Reichtum der Gnade, mit der er uns ständig überschüttet. Die große Aufgabe und der Sinn unseres Lebens ist es, ja zu Gott und seinem Willen zu sagen. Genau dies gibt uns Freude und Friede, was auch geschehen mag.

Von ganzem Herzen ja zu sagen, kann aber auch das Schwierigste überhaupt sein. Doch Gott begnügt sich in seiner Demut oft mit unserem halbherzigen und gestammelten kleinen Ja. Die Größe des Menschen besteht darin, dass er Gottes Liebe bejahen und damit beantworten kann. So unglaublich es klingt, der allmächtige Gott macht sich abhängig von unserem Ja. Wenn wir uns in die Bibel vertiefen, geht uns immer deutlicher auf, dass Gott geduldig auf das Ja des Menschen wartet, um in den Lauf der Geschichte einzugreifen. Das beste Beispiel dafür ist Mariä Verkündigung (vgl. Lk 1,26-38). Der Engel des Herrn kommt zu Maria mit der Botschaft der Menschwerdung Gottes. Gott wartet auf das Ja eines Menschen, um selbst Mensch zu

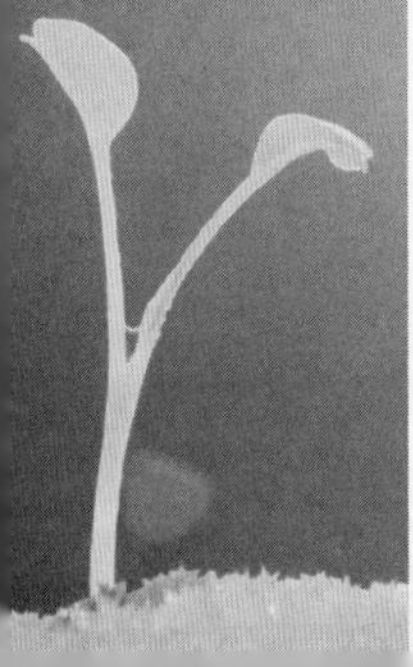

werden. Maria ist ein vollendeter Widerhall aller Ja-Worte, die die Propheten und Heiligen des Alten Bundes ausgesprochen haben. Wir brauchen dieses Ja eigentlich nur in uns erklingen zu lassen. Wir werden von all den Abertausenden Ja-Worten, die Menschen Gott gegeben haben, getragen. Wir reihen uns ein in die ungebrochene Kette derer, die ja gesagt haben.

Natürlich wissen wir, dass es manchmal ein Kampf auf Leben und Tod sein kann, bevor wir wirklich ja sagen. In gewissen Situationen darf man nicht warten, abwägen oder auf Zeit spielen. Die wirklich wichtigen Momente verlangen oft ein unmittelbares Ja. Alles andere wäre ein Nein oder noch schlimmer ein Jein. Darum ist es so wichtig, sich darin zu üben, Gott und seinen Willen zu bejahen. Das tun wir, wenn wir beten und bewusst in Gottes Gegenwart leben. Wir stellen uns Gott zur Verfügung und lassen uns von seiner Liebe durchströmen. Wir versuchen, uns seinem Willen und seiner Absicht immer besser anzupassen. Dein Wille geschehe, nicht der meine! Mir geschehe nach deinem Wort! Auch hier können wir uns in Mariä Verkündigung wiedererkennen. Wir sagen Ja zu Jesus, der in unser Leben kommen und alles für uns werden will. Wir üben unser Herz, damit jeder Herzschlag ein Ja und Amen zu Gottes Liebe wird. Jeder Atemzug wird ein neues Ja.

Wie wunderbar ist es, wenn uns aufgeht, dass es in uns bereits ein Ja gibt. Wir haben teil an der gegenseitigen Bejahung von Vater und Sohn im Inneren der Dreifaltigkeit. In unserem Inneren gibt es ein Ja, das größer als unser eigenes ist. Denken wir nur daran, wie Jesus den Willen des Vaters in allem bejaht, auch wenn der Kelch bitter ist. Jesu Ja zu dem seines Vaters wird immer mehr unser eigenes Ja.

Doch wir müssen mit Widerstand in uns rechnen. Ein Teil von uns ist noch nicht ganz evangelisiert. Da sind wir eher Ich-Sager als Ja-Sager. Ich, ich, ich – wie oft gebrauchen wir nicht dieses kleine Wort, um uns in unserem alten Ich und dessen Macht festzumachen. Es braucht gar nicht so viel, statt ich, ich, ja, ja, ja zu sagen[4]. Wir dürfen darauf vertrauen, dass Jesu heilende Liebe in uns wirkt und uns dabei hilft. Hier liegt das Paradox und die tiefe Hoffnung der Erbsünde: Sie kann uns in allem ganz und gar von Jesu Erlösung abhängig machen. Schwäche und Sünde rufen nach einem Eingreifen, nach einer Rettungsaktion. Auf diese Weise entdecken wir immer mehr das Grundgesetz der Barmherzigkeit in unserem Leben. Was uns zuvor Kummer bereitet hat, unsere Schwäche und Neigung, im Ich stecken zu bleiben, wird dann zu einem Notruf, einem Gebetsseufzer: Ja, komm, Herr, und erbarme dich über mich Sünder. Lehre mich, mein altes Ich abzulegen und von deiner Liebe erneuert zu werden, damit ich dich hier und jetzt bejahen kann.

Bejahung führt uns zu Anbetung und Übereignung. Wenn wir in allem Gottes heilende und heiligende Gegenwart und sein Handeln zu entdecken beginnen, werden wir von Freude überwältigt. Wir sind immer in Verbindung mit ihm. Was wir auch tun, was auch geschieht, er ist bei uns und sagt ja zu allem, was er ist und tut. Wir bekommen teil an seiner Liebe und Heiligkeit. Es ist ein schwindelerregender Gedanke, aber wir selbst können Gott immer ähnlicher werden. Der Heilige Geist ist eingegossen in unsere Herzen und flüstert ständig: Ja, ja, ja. Wir sprechen unser Ja nicht aus eigener Kraft. Es ist reine Gnade, die unser Ja verwirklicht. Durch die Taufe sind wir

4 Der Verfasser spielt mit den schwedischen Worten »jag« (ich) und »ja« (ja). Nimmt man nur einen kleinen Buchstaben vom Wort »jag« weg, wird es zu einem Ja.

Gottes Tempel. Die Taufquelle ist nicht ausgetrocknet. Das lebendige Wasser sprudelt frisch in uns. Und was sagt dieses lebendige Wasser? Ja, ja, immerzu ja bis in alle Ewigkeit.

# Farbe bekennen

Heutzutage meinen viele Menschen, sie müssten immer gut gelaunt und aktiv sein. Da ist das Risiko groß, dass man nie wirklich froh wird, sondern ständig nach Zeitvertreib und Unterhaltung sucht, um sich nicht zu langweilen. Man verpasst dann eine der größten Gnadengaben des Lebens, nämlich die ruhige Ereignislosigkeit, in der wir einfach nur *sind* und nicht nachspüren müssen, ob wir gerade jetzt etwas erleben. Gerade das macht vielen Menschen Angst. Früher hatte man Angst vor der Hölle, heute vor der Langeweile. Jesus ist am Kreuz gestorben, um uns vor der Hölle zu bewahren, aber nicht davor, uns zu langweilen.
Vielleicht haben es viele deshalb so schwer, Jesus in ihr Leben einzulassen und sich von ihm verwandeln zu lassen. Zum Glück kann er dennoch unsere Verteidigungslinien durchbrechen hinein in die verwundbare Tiefe des

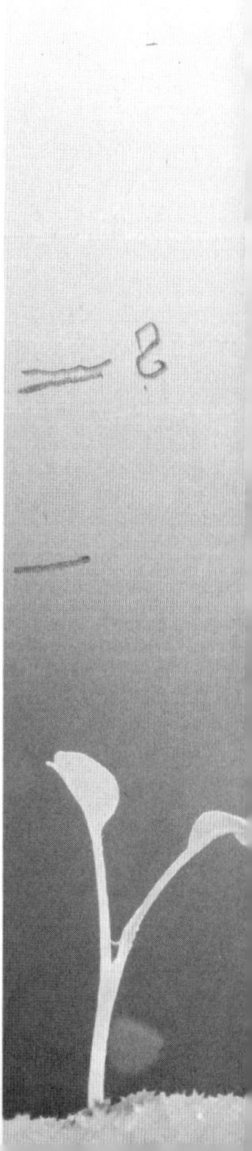

Innersten, wo wir jenseits aller Fassaden wir selbst sind. Darum brauchen wir uns vor unseren Wunden nicht zu fürchten, nicht einmal vor den Verwundungen des Herzens, die uns von innen her zu zerreißen scheinen. Gerade das Persönlichste, die Verwundungen des Herzens, will Jesus am Kreuz auf sich nehmen. Er allein kann sie heilen und zu einer begnadeten und verherrlichten Wunde verwandeln, die von Liebe überfließt.

Langsam, aber sicher können wir unsere kleinen Wunden und Kreuze für Jesu heilende Liebe öffnen. Es ist manchmal leichter, sich des großen als des kleinen und scheinbar unbedeutenden Leidens anzunehmen. Bisweilen schmerzt das kleine Leiden uns mehr, weil es uns auf unsere eigene Kleingeistigkeit zurückwirft, auf unseren Neid und unsere Missgunst. Doch Jesus will uns auch darin begegnen. Er hat alle unsere Kreuze in seinem Kreuz auf sich genommen. Wir sind berufen, uns mit ihm zu vereinen, mit unserem gekreuzigten Herren, nicht zuletzt in den kleinen Kreuzen, mit denen wir gerade jetzt ringen. Unsere Bitterkeit darüber, nicht gesehen oder gemocht zu werden; unsere Schadenfreude, wenn es denen schlecht geht, die wir beneiden; unser Unvermögen, Kritik oder Lob auszuhalten. Der Mensch, dieses sonderbare und zugleich wunderbare Wesen, kann an allem leiden, was ihm begegnet. Aber gerade dort gibt es eine offene Stelle, durch die wir eintreten können in Jesu geöffnete Seite, aus der Blut und Wasser hervorströmen.

Das Leid der ganzen Welt ist in Jesu durchbohrtes Herz eingedrungen. Nur dort kann auch mein kleines Leiden Platz finden. Ich darf Jesus alles geben, und gerade das Leiden, das ich ihm gebe, kann fruchtbar für die Erlösung der Welt werden. So unglaublich es auch klingt, Jesus will auch mein kleines verbittertes und selbstmitleidiges

Leiden haben, um daraus etwas Großes zu machen. Und noch verwunderlicher: Ich helfe Jesus, sein Kreuz zu tragen, wenn ich ihm mein eigenes Leiden gebe. So komme ich ihm immer näher. Ich werde von seinem neuen Leben durchstrahlt, wenn ich mich nicht an meinem Leiden festklammere und selbstsüchtig meine Wunden lecke. Ich darf ihm alles geben. Er will alles haben. Alles kann Material für sein Erlösungswerk werden. Alles dürfen wir am Fuß des Kreuzes ablegen.

Wir bekennen Farbe, wenn wir ein Kreuz an die Wand oder uns um den Hals hängen. Wir wagen, ein Marterwerkzeug an unsere Hauswand zu hängen oder es als Schmuck um den Hals zu tragen, weil es ein ganz natürlicher Teil unseres Lebens geworden ist, seit Gott unser Leben bis zum bitteren Ende geteilt hat. Alles wurde dadurch revolutioniert, dass Gottes eingeborener Sohn sich ans Holz des Kreuzes hat nageln lassen. Nun ist nichts mehr wie vorher. Wir kleben nicht mehr fest am Leiden wie an zähem Leim. Wir sind frei, unserem Leiden – wie es auch aussehen mag – einen neuen Namen zu geben: du seliges, heiliges Kreuz, das den Erlöser der Welt getragen hat. In jedem leidenden Menschen, auch in unserem eigenen Angesicht können wir die Gesichtszüge des Gekreuzigten erkennen.

Gott wusste genau, wie er uns nahekommen und unsere Gleichgültigkeit besiegen wollte. Indem er uns begegnet, wo wir am schwächsten und verwundbarsten sind, überlistete er unsere Angst und unseren Stolz. Darum liegt im menschlichen Leiden etwas Übermütiges und Siegesgewisses, etwas Unaussprechliches und Echtes. Dort können wir uns weder verstellen noch verstecken. Wir können lediglich sein, was wir sind: klein, aber dennoch hoffnungsvoll. Es kann nicht schlechter, sondern nur besser werden. Die Hoffnung auf Auferstehung und neues Leben ist eingebettet in der Fähigkeit zu leiden. Der Schmerz des Kreuzes führt uns zum Morgengrauen der Auferstehung. Es kann nicht einfach Schluss sein. Es wird etwas Großes geschehen. Weil der ewige und unsterbliche Gott unser Leiden teilen wollte, kann dieses Leiden nur ein großes Geheimnis in sich bergen. Alles andere hatte Gott in seiner ewigen Herrlichkeit. Darum wählte er das heilige, Leben spendende Kreuz, um uns davon zu überzeugen, dass er es mit seiner barmherzigen Liebe ernst meint. Nichts anderes hätte unser Herz von Zweifel und Zögern befreien können. Das Kreuz besiegt alles und alle.

Jede Zeit und jedes Milieu hat sein Kreuz, mit dem es zu kämpfen hat. Es sieht zunächst neu und ungewohnt aus, doch bald erkennen wir in ihm Jesu verwundetes Antlitz, das mit der Dornenkrone geziert ist. Wir sind berufen, einen kleinen Teil davon zu tragen, unseren kleinen Dorn. Wir haben etwas vom Geheimnis Christi und der Kirche verstanden, wenn wir diesen Dorn als Teilhabe an seiner Dornenkrone begreifen. Dann wird der Bräutigam die Braut in uns wiedererkennen. Dann gibt das Kreuz schon jetzt eine Vorahnung von der Herrlichkeit, die auf ewig zu genießen wir berufen sind. Kreuz und Auferstehung gehören stets zusammen. Das Ostergeheimnis Jesu ist eine unauflösliche Einheit. Durch die Taufe haben wir in unserem Innersten Teil daran bekommen. Es ist in unsere Seele eingeritzt.

# Leben wir von der Osterbotschaft her!

*Wohin wir auch kommen, immer tragen wir das Todesleiden Jesu an unserem Leib, damit auch das Leben Jesu an unserem Leib sichtbar wird. Denn immer werden wir, obgleich wir leben, um Jesu willen dem Tod ausgeliefert, damit auch das Leben Jesu an unserem sterblichen Fleisch offenbar wird* (2 Kor 4,10-11).

Die Osterzeit ist die Zeit des Lebens. Durch die Auferstehung von den Toten hat Jesus uns den Weg zum Leben gewiesen, zum neuen und ewigen Leben. Darum ist diese Zeit so wichtig für uns Christen und für alle Menschen guten Willens, die die Gabe des Lebens schützen und pflegen wollen. In dieser Betrachtung versuche ich zu beschreiben, wie wir uns immer mehr in die Osterbotschaft einleben können, in das, was sie für den Wert und die Würde des menschlichen Lebens bedeuten kann. Heutzutage wie zu allen Zeiten werden wir mit wichtigen Fragen und Entscheidungssituationen konfrontiert, in denen wir Licht und Wegweisung vom innersten Kern des christlichen Glaubens benötigen: vom Ostergeheimnis. Dieses Ostergeheimnis ist durch das Sakrament der Taufe zu einer inneren, dynamischen Wirklichkeit in uns geworden. Das Kreuz weist voraus auf die Auferstehung, der Tod aufs Leben, die Trauer

auf die Freude. Die Perspektive von Ostern prägt unsere gesamte Existenz als Christen. Wir erkennen es in unserem persönlichen Leben, im Gebetsleben, aber auch in allen großen Fragen und Problemkonstellationen des gesellschaftlichen Lebens. Ostern ist ein allumfassender, ein im Wortsinn katholischer Schlüssel, um unser Leben vom auferstandenen Herren her zu verstehen und zu erschließen. Wir können mit neuen österlichen Augen auf uns selbst, unsere Welt und Gott auf eine veränderte und wahrhaft lebendige Weise schauen. Ostern gibt uns eine Ewigkeitsperspektive auf unser Leben in Zeit und Raum, die uns nicht von der Welt, in der wir leben, entfremdet, sondern ganz im Gegenteil allem in der Welt eine tiefere Bedeutung verleiht.

*Ostern als ethische Motivation und geistlicher Antrieb*

Bisweilen versäumen oder vergessen wir Christen, unser gesamtes Leben in all seinen Facetten vom Osterlicht anstrahlen zu lassen. Durch Jesu Auferstehung, in der er uns bereits hier und jetzt an seinem ewigen Leben teilhaben lässt, hat unser Leben eine neue Tiefendimension bekommen. Durch Glaube, Hoffnung und Liebe, die theologalen Tugenden oder Kräfte, sind wir ständig in Kontakt mit dem auferstandenen Herren. Wir werden Träger einer inneren Dynamik, die uns hilft, mit ihm vereint zu bleiben und von ihm in all unseren äußeren Aufgaben und Stellungnahmen geleitet zu werden. Das zeigt sich nicht zuletzt in der Stimme des Gewissens, die uns zu einer immer mehr in Christus zentrierten Weise des Lebens, Denkens und Handelns ruft. Die Kirche will uns durch ihre Lehre helfen, unser Gewissen zu einer größeren Aufgeschlossenheit für die Eingebungen des Geistes zu bilden. Der Geist spricht ständig zu uns, aber wir erfassen seine Eingebungen nicht immer und machen sie uns nicht zu eigen. Es gibt ja auch andere Stimmen in uns, die Stimmen der Selbstbezogenheit, Bequemlichkeit und Verwirrung. Sie machen es schwerer für uns, die stille und zurückhaltende Stimme des Geistes zu unterscheiden. Um das Rechte in einer komplizierten Welt zu finden, brauchen wir sowohl die äußere Stimme und Formung der Kirche als auch die innere des Geistes. Wir wollen ja von der Osterbotschaft her leben und sie weitergeben.

Jedem Menschen, ob Christ oder nicht, hat Gott das Gewissen als Gabe geschenkt; es ist eine Schöpfungsgabe. Gott hat in die Schöpfung – wie die Kirchenväter sagen – Samenkörner der Wahrheit gesät. Es gibt ein Naturrecht, das alle Menschen unabhängig von Zeit, Raum und Kultur im Prinzip annehmen und befolgen können. Es ist faszinierend, wie sehr wir Menschen in unseren grundsätzlichen ethischen Codes einander gleichen: Du sollst nicht töten, du sollst nicht stehlen, du sollst nicht die Ehe brechen ... Das bedeutet nicht, dass alle in ihrem konkreten Leben diese allgemeinen ethischen Prinzipien befolgen, aber dennoch gibt es einen erstaunlich breiten Konsens darüber, was recht und wahr ist. Im Grunde wollen alle Menschen in Frieden und Gerechtigkeit leben, in Versöhnung und gegenseitigem Respekt. Gerade dies zeigt, dass jeder Mensch von Gott als sein Ebenbild geschaffen und offen ist für Gott und seine Gebote. »Die Würde jeder Person gründet in der Tatsache, dass diese Person, die als Gottes Ebenbild geschaffen ist, einzigartig ist und mir etwas über Gott sagen kann, was niemand sonst sagen kann«, schreibt Kardinal Basil Hume.

Die Würde des Menschen, wer immer er auch sei, ist

unantastbar durch das nackte Faktum seiner Existenz. Er hat ein unveräußerliches Recht auf sein Leben und sein Dasein. Auf eine einzigartige Weise, die allein ihm zukommt, kann er einen Aspekt der unerschöpflichen Wirklichkeit widerspiegeln. So wunderbar ist der Mensch geschaffen.

Wenn der Mensch schon allein durch die Tatsache, geschaffen zu sein, einzigartig und wunderbar ist, wird diese Würde durch die Gabe von Ostern ins Unerhörte gesteigert. Der Mensch ist nicht nur Gottes Ebenbild, sondern wird durch die Taufe »Sohn im Sohn«, ein Gotteskind. Ja, er wird Gottes Wohnung und Tempel. Mit der größeren Würde wachsen auch Verantwortung und Verpflichtung. Die Gabe von Ostern wird zu einer inneren Kraftquelle, zu einer neuen Motivation, wie Jesus zu leben, wie er zu sein und handeln zu wollen, ihn im eigenen Leben widerzuspiegeln. Die Verwirklichung der grundlegenden ethischen Normen, die wir durch Schöpfung und Naturrecht mit allen Menschen guten Willens gemeinsam haben, wird noch wichtiger. Es gibt eine Art von ständig wachsender Sehnsucht in uns, die Frohe Botschaft durch unsere konkreten Entscheidungen sichtbar zu machen. Das hohe Ideal der Bergpredigt wird eine Zielvorgabe für unser Leben und Handeln. Das Leben der Heiligen zeugt von diesem Streben und dieser Sehnsucht, Jesus mitten in den gewöhnlichen Lebensumständen immer besser nachzufolgen. Dem gekreuzigten und auferstandenen Herrn so gut wie möglich nachzufolgen, wird zur Motivation unseres Handelns. Die ethischen Normen, die wir gemäß dem Naturrecht mit allen gemeinsam haben, verpflichten uns noch mehr. Durch die Kraft von Ostern werden wir immer mehr von den Eingebungen des Geistes getrie-

ben, Jesu Weise zu leben und zu handeln, in unserem Leben so gut wie möglich zu verwirklichen.
Es ist wichtig, diese Motivation ethischen Handelns hervorzuheben, um Menschen zu helfen, in schweren Entscheidungssituationen auf die österliche Dynamik zu vertrauen. Dann kann der Mensch sich selbst überschreiten und bekommt die Kraft von oben, um recht und richtig zu handeln, auch wenn es äußerst schwer und menschlich gesehen fast unmöglich erscheint. In Verkündigung und Seelsorge sollten wir diese »Ostermotivation« von Beginn an betonen, weil wir heutzutage so stark anderen Stimmen und Kräften ausgesetzt sind. Das Vertrauen in das neue Leben der Auferstehung als konkrete Kraftquelle ist bei vielen Christen leider ziemlich schwach ausgebildet. So wird es auch schwerer, aus eigener Kraft eine ethische Entscheidung zu treffen, die eine Zumutung für unsere menschliche Schwäche sein kann. Es ist wichtig hervorzuheben, dass das neue Leben von Ostern auch ein neu schaffendes und verzeihendes ist. Wer an seinen Entscheidungen gescheitert ist oder mit dem gebrochen hat, was recht und richtig ist, soll von Christi Angebot erfahren, von Verzeihung und einem Neubeginn.
Das Sakrament der Versöhnung sollte mehr in Anspruch genommen und geschätzt werden für unseren Kampf, Christus treuer zu folgen. Die Kirche ist »die Institution der Vergebung«. Als unsere Mutter vermittelt sie die Vergebung des barmherzigen Vaters an ihre verlorenen Söhne und Töchter. Leider haben viele diese Erkenntnis in die neu schaffende Kraft der Versöhnung verloren. Die österliche Dynamik müsste hier deutlicher und sichtbarer gezeigt werden.
Heutzutage hören wir oft, die Kirche verurteile jene,

die sündigten und gegen Gott und grundlegende ethische Normen verstießen. Offenbar verstehen viele nicht mehr, was die Kirche immer gesagt hat: Gott hasst die Sünde, aber liebt den Sünder. Liegt das daran, dass man sich heutzutage eher mit dem identifiziert, was man *tut*, als mit dem, was man *ist*?

Wenn die Kirche behutsam, aber deutlich auf Dinge hinweist, die gegen Gottes Gebot, das in die Schöpfung eingelassen ist, verstoßen, regt man sich auf und fühlt sich persönlich gekränkt und beleidigt. Darum ist es wichtig, so deutlich wie möglich hervorzuheben, dass Gottes Liebe zu jedem Menschen, wie er auch handeln oder leben mag, unverrückbar und ewig ist. Der Mensch erträgt es wohl nur, Dinge anzuhören, die er falsch macht, wenn er Gottes bedingungslose, treue Liebe erkannt und sich zu eigen gemacht hat. Aber dieser Prozess ist in unserer Zeit schwieriger geworden.

### *Der zerbrechliche Anfang*

Das beschriebene Reaktionsmuster wird z. B. deutlich, wenn es um die Haltung der Kirche zur Abtreibung geht. Eigentlich wissen alle, dass die Kirche gegen Abtreibung ist. Allein das ist schon ein Wunder in einer Zeit, wo das Wissen um Religion sehr lückenhaft ist. In einem Atemzug behauptet man aber auch, dass die Kirche automatisch alle verurteile, die abtrieben. Es wird also nicht zwischen Person und Sache getrennt. Hier müssen wir Katholiken lernen, die kirchliche Sichtweise besser darzustellen: Die sündige Tat ist inakzeptabel, aber Gott sehnt sich nach nichts anderem, als den Gefallenen zu heilen, ihm zu vergeben und ihn aufzurichten. Das Evangelium spricht ständig davon. Da aber viele die grundlegende Dynamik des Evangeliums nicht kennen, begreifen sie nicht, wie die Dinge sich verhalten. Hier kann uns die österliche Dynamik helfen, damit wir besser motiviert werden, Gottes vergebende und neu schaffende Liebe ins Zentrum zu stellen. Aus einer Osterperspektive wird es leichter, Gottes unendliches Mitleiden mit dem fehlenden Menschen, den er in seine Arme schließen will, anzunehmen.

Viele tun sich aber schwer damit, diese beiden Pole auseinanderzuhalten, also die schreckliche Wirklichkeit der Sünde und Gottes Sehnsucht, dem reuigen Sünder zu vergeben. Wir sind leicht versucht, falsches Handeln zu rechtfertigen und gute Gründe dafür zu finden. Es kostet Überwindung, seine Schwächen und Fehler zu bekennen und Gottes Vergebung anzunehmen. In zugespitzten Situationen sehen manche keinen anderen Ausweg, als etwas zu tun, das gegen das Gebot Gottes und die Natur verstößt. Ein konkretes Beispiel ist jenes neunjährige Mädchen in Brasilien, das von ihrem Stiefvater sexuell missbraucht wurde. Sie wurde mit Zwillingen schwanger, die man jedoch abtrieb[5]. Diese persönliche Tragödie wurde von den Medien in aller Öffentlichkeit ausgebreitet und rief in der ganzen Welt Entsetzen hervor. Noch scheinen nicht alle Details in diesem Drama klar zu sein. Doch dieses Schicksal ist ein typisches Beispiel für die extreme Zuspitzung einer allgemeinen Fragestellung. Geht man nach der Schöpfungsordnung und der Lehre der Kirche, hat jeder Mensch das Recht, geboren zu werden – ganz unabhängig davon, wie er gezeugt wurde oder welche Folgen seine Geburt haben kann. Der Mensch ist unantastbar und absolut schutzwürdig. Niemand hat das Recht, diese Ordnung infrage zu stellen. In dem konkreten Beispiel fanden sich jene,

5 Der Verfasser bezieht sich auf Ereignisse im Frühjahr 2009 (A. d. Ü.).

die über das Mädchen zu befinden hatten, in einer Situation vor, die zu lösen ihnen keine andere Option zu lassen schien, als abzutreiben. Durch Beichte und Seelsorge hätten sie, die keinen anderen Ausweg sahen, Gottes Vergebung empfangen können, und die Sache wäre abgeschlossen gewesen. Doch die Medien wandten sich gegen die Kirche und ihre Ablehnung von Abtreibung überhaupt. Das ist eine klassische Methode: Man zitiert einen extrem heiklen Fall, um die Kirche hart und grausam aussehen zu lassen. Darum ist die Osterbotschaft, die mit ihrem Licht auch solche tragischen Umstände beleuchtet, so wichtig.

In der Begegnung mit dem sündigen Menschen muss die Kirche sich immer als liebevolle Mutter zeigen, die den barmherzigen Vater und seine vergebende Liebe vermittelt. Die neue Schöpfung durch Ostern muss konkret werden. Gerade in Schwangerschaftskonflikten wird dies deutlicher als auf vielen anderen Gebieten. In unserer Welt, die vom Gender-Denken geprägt ist, muss das mütterliche Antlitz der Kirche sichtbarer werden, um jenen Frauen zu helfen, die in verzweifelten Situationen gezwungen wurden oder selbst entschieden haben abzutreiben. Wiederum wird alles auf die Spitze getrieben: Verabscheue die Sünde, den Sünder aber liebe bedingungslos. Leider werden viele nicht von der Einzelseelsorge erreicht und können sich so nicht in dieses paradoxe Geheimnis hineinversetzen. Seelsorger müssen die Verwirrung und Ausgesetztheit verstehen lernen, in der sich Frauen – nicht zuletzt sehr junge – als Folge der sogenannten sexuellen Freiheit vorfinden. Man sollte zu verstehen versuchen, warum sie getan haben, was sie getan haben, ohne deshalb die Handlung zu rechtfertigen. Manchmal liegt hier ein haarfeiner

Unterschied, aber gerade dort finden wir die Osterperspektive. Es geht doch darum, einem Menschen in seiner augenblicklichen Situation zu helfen weiterzukommen: »Geh und sündige von jetzt an nicht mehr!« (vgl. Joh 8,11). »Vertraue darauf, dass du eine neue Schöpfung bist und von vorn beginnen darfst!« Es geht also darum, eine »prinzipielle« Osterperspektive – das, was recht und richtig ist – mit einer »pastoralen« Osterperspektive, die die neu schaffende Kraft der Vergebung betont, zu verbinden.
Schauen wir auf unseren zerbrechlichen Anfang, können wir an ein weiteres Problemfeld denken. Das menschliche Leben ist in Gefahr, zu einem Produkt zu werden, das man nach eigenem Gutdünken behandelt oder mit der Absicht, durch seine Verwertung Heilmittel gegen alle möglichen Krankheiten zu finden. Wir können hier die komplexen Fragen, die embryonale Stammzellen, künstliche Befruchtung usw. betreffen, nur andeuten. Auch hier versucht die Kirche ausgehend vom Naturrecht, die unantastbare Würde, die das wachsende menschliche Leben immer hat, zu betonen. Ihre Stellungnahmen werden auch hier oft als grausam und ungerecht dargestellt. Es gehört aber zu unserer prophetischen Berufung als Christen, vor den möglichen verheerenden Folgen von Experimenten mit dem menschlichen Leben zu warnen. Im Licht von Ostern hat das menschliche Leben vom ersten Beginn an eine einzigartige Würde und damit auch das Recht auf Schutz und würdige Behandlung.

*Notwehr und Selbstverteidigung*

Bisweilen trennt man zu stark zwischen einem eher privaten Teil der Ethik (z. B. Sexualmoral) und einem sozial-gesellschaftlichen Teil. Gegen diese Tendenz betonen wir, dass alles ethische Handeln von der Wahrheit geleitet wird, die Gott in seine Schöpfung hineingelegt hat und die in der neuen Schöpfung von Ostern auf neue Weise aufscheint. Bisweilen sagt man auch, das private ethische Handeln sei von einer sogenannten Pflichtethik geleitet, während die sozialethischen Fragen einer Konsequenzethik unterlägen. Diese Unterscheidung ist nicht ganz falsch. Es ist unsere Pflicht, dafür zu sorgen, dass ein Kind geboren werden kann. Wenn aber ein Einzelner oder ein Land angegriffen werden, hat man das Recht, sich zu verteidigen, auch wenn man damit in Kauf nimmt, den Angreifer möglicherweise schwer zu verwunden oder zu töten. Das Naturrecht gibt uns das Recht zur Verteidigung, wenn wir angegriffen werden. Wir brauchen die Polizei, die uns gegen Angriffe schützt und auch Gewalt anwenden darf, um diesen Auftrag zu erfüllen.

Doch hat es in der Kirche immer wieder Menschen gegeben – nicht zuletzt unter den Heiligen, die bewusst darauf verzichtet haben, sich zu verteidigen. Sie beriefen sich natürlich auf Jesus selbst, der das Leiden auf sich nahm, ohne sich zu verteidigen. Die Logik des Evangeliums gründet sich auf diesen freiwilligen Gewaltverzicht, auch auf rechtmäßige Selbstverteidigung in einer schweren Situation. Gewalt zu vermeiden, liegt ganz auf der Linie des neuen Lebens von Ostern. Was aber im Privaten möglich sein kann, ist es nicht immer im großen Sozialen und Politischen. Dennoch gibt es in der Geschichte viele Beispiele für ein solches Handeln. Vor einiger Zeit besuchte ich das *Russicum* in Rom (das russische Priesterseminar). In der Kapelle befinden sich Ikonen des heiligen Brüderpaares Boris und Gleb, die es vorzogen, sich von ihrem Bruder töten zu lassen, als zurückzuschlagen[6]. Es gibt viele solcher Beispiele. Das Nachdenken über Ethik könnte durch diese Perspektive, sein Leben in der Nachfolge Christi und von der Osterperspektive her hinzugeben, erneuert werden. Das Martyrium hat es in der Geschichte der Kirche immer gegeben und kann sich auf verschiedene Weise, je nach den historischen Umständen, zeigen.

In diesem Zusammenhang können wir auch die klassische Lehre vom sogenannten gerechten Krieg aufgreifen. In der Geschichte gibt es einige Beispiele für Krieg als einzigem Mittel, um eine Terrorherrschaft zu beenden (z. B. die von Hitler). Es ist aber nicht gerade leicht zu beurteilen, was wirklich ein gerechter Krieg ist. Einer der eher konservativen Kardinäle auf dem Zweiten Vatikankonzil, Ottaviani, meinte, man könne angesichts der Massenvernichtungswaffen überhaupt nicht mehr von einem gerechten Krieg sprechen. Auch Papst Johannes Paul II. widersetzte sich dem Irakkrieg, den er als ungerecht ansah. Dennoch meldeten sich viele christliche Soldaten freiwillig und nahmen an einem Krieg teil, der den Untergang der 2 000-jährigen Präsenz von Christen im Irak einleitete.

Die Kirche war sehr vorsichtig, zu einem Krieg Stellung zu beziehen; konkret zu der Frage, ob er wirklich ungerecht sei und man deshalb nicht daran teilnehmen dürfe. Der österreichische Bauer Franz Jägerstätter (1907–1943) war ein Mann, der selbstständig Stellung bezog, den Wehrdienst verweigerte, um nicht an einem ungerechten Krieg teilnehmen zu müssen. Er wurde 2007 seliggesprochen. Viele kirchliche Amtsträger versuchten, ihn

6 Die Brüder waren Fürsten der Kiewer Rus. In Auseinandersetzungen um die Thronfolge wurden sie im Auftrag ihres Halbbruders im Jahr 1015 ermordet (A. d. Ü.).

von seinem Entschluss abzubringen und zu bewegen, an Hitlers Krieg teilzunehmen, um nicht seine Familie zu gefährden. Er jedoch verwies immer wieder auf sein Gewissen, das ihm verbiete, den lästerlichen Führereid zu leisten und in einem ungerechten Krieg zu kämpfen. Er wurde dafür zum Tode verurteilt und hingerichtet. Im Vorfeld seiner Seligsprechung diskutierte man intensiv, welche Konsequenzen die Anerkennung Jägerstätters für die ethische Reflexion über den Krieg haben könne. Immer mehr Stimmen in der Kirche wollen diese Frage vom Evangelium und der neuen Schöpfung beantworten. Hier haben auch ein nicht christlicher Denker wie Gandhi und seine Sicht auf Gewaltverzicht großen Einfluss auf viele Christen.

Doch wir wissen auch, dass manchmal nur eine bewaffnete Intervention die einzige Lösung zu sein scheint. Der Völkermord in Ruanda und das Morden in Darfur hätten gestoppt werden können, hätte man interveniert. Dennoch bleibt auch wahr, dass wir ein vertieftes Nachdenken darüber brauchen, wie ein konstruktiver Weg von Gewaltverzicht aussehen könnte. Wenn er in einem schweren Konflikt für Christen zu einer Quelle der Inspiration werden soll, muss er deutlich von Ostern her geprägt sein. Die neue Schöpfung, an der uns Jesus durch die Auferstehung teilhaben lässt, verleiht uns eine prophetische Vorahnung von der Welt, in der es weder Krieg noch Gewalt geben wird. Die päpstlichen Schreiben, die regelmäßig zum Weltfriedenstag am 1. Januar veröffentlicht werden, sollten genauer in der Perspektive von Ostern gelesen werden. Eine solche Reflexion könnte zu einer eindeutigeren Verkündigung und sichtbareren Zeugnissen führen. Die Welt dürstet nach Frieden und Gerechtigkeit. Sie erwartet mehr von uns

Christen in diesem Bereich, sowohl was das Leben als auch die Lehre angeht. Der Glaube an den Sieg Christi durch Kreuz und Auferstehung sollte noch mehr Praxis werden. »Es gibt keinen Frieden ohne Gerechtigkeit und keine Gerechtigkeit ohne Vergebung« (Johannes Paul II.).

*Todesstrafe und Selbstmord*

Schauen wir auf die Bewertung der Todesstrafe, sehen wir eine deutliche Entwicklung in der Lehre der Kirche. Hier sind verschiedene ethische Prinzipien oft miteinander kollidiert. Auch wenn man immer das unveräußerliche Recht jedes Menschen auf sein Leben betont hat, meinte man im Lauf der Geschichte, dass es extreme Fälle geben könne, in denen man die Todesstrafe mit Verweis auf das Selbstverteidigungsrecht der Gesellschaft verhängen könne. Während der Nürnberger Prozesse nach dem Untergang des Dritten Reiches beurteilte man vom Naturrechtsdenken her die Henker für schuldig, obschon sie vermutlich nicht Gesetze des Dritten Reiches gebrochen hatten. Die Angeklagten jedenfalls betonten, nur Befehlen gehorcht zu haben. Wäre man stattdessen der rechtspositivistischen Linie gefolgt, die in unseren Breitengraden vorherrschend ist, hätten sie paradoxerweise nicht verurteilt werden können. Diese Ausgangslage brachte manchen zum Nachdenken. Die schrecklichsten Verbrechen gegen die Menschlichkeit sind nicht notwendig Gesetzesverstöße! Es muss etwas Tieferes als die geschrieben Gesetze und Verordnungen in unseren Gesetzessammlungen geben. Die Menschenrechte haben Vorrang vor den geschriebenen Gesetzen, und manchmal können sie dem entgegenstehen, was vom Naturrecht her jedem Menschen zusteht, z. B. das Recht auf Leben. Im Blick auf die Todesstrafe hat die Kirche Schritt für Schritt ihre Sichtweise verschärft, wovon die verschiedenen Auflagen des katholischen Katechismus zeugen. Ich glaube, hier hat man tiefer die Botschaft von Ostern durchdrungen, die auch in diesem Fall Konsequenzen hat.

Wenn Christus aufersteht und seine neue Schöpfung gründet, bedeutet dies, dass jeder Mensch von seiner Gnade vollkommen erneuert werden kann. Jeder Mensch bekommt durch die Begegnung mit dem Auferstandenen die Möglichkeit, ganz und gar verwandelt zu werden. Niemand ist eingesperrt in seine alte, von der Sünde geprägte Welt. Alle haben ein Recht zu wachsen, zu reifen und sich in der Dynamik von Ostern zu wandeln. Jesus schaut aus dieser Perspektive auf den Schächer zu seiner Seite und öffnet ihm das Paradies. Auch wer schwere Sünden begangen hat, kann verwandelt werden. Das Vertrauen auf die verwandelnde Kraft von Ostern hat im Letzten auch Folgen für den zum Tode verurteilten Verbrecher; auch er muss eine Chance bekommen. Der französische Polizistenmörder Jacques Fesch ist ein gutes Beispiel dafür[7]. Glauben wir wirklich an die verwandelnde Kraft von Ostern, können wir die Todesstrafe kaum verteidigen. Wenn wir an Verbrecher gegen die Menschlichkeit vom Kaliber eines Eichmann oder Stalin denken, wird diese Zuspitzung schwer erträglich. Dennoch bleibt die Frage im Raum: Gibt es so große Sünder, dass sie von der Möglichkeit einer Verwandlung durch das neue Leben der Gnade ausgeschlossen wären?

7 Jacques Fesch (1930–1957) ermordete 1954 bei einem Raubüberfall einen französischen Polizisten. Er wurde zum Tode verurteilt und durch die Guillotine hingerichtet. Während seines dreijährigen Gefängnisaufenthaltes bis zur Vollstreckung des Todesurteils durchlebte er eine innere Umkehr, die ihn zum katholischen Glauben zurückführte. In der Gefängniszelle verfasste er mystische Schriften, söhnte sich mit seiner Familie aus und heiratete am Tag seiner Hinrichtung seine Frau kirchlich. Die letzten Worte in seinem Tagebuch lauten: »In fünf Stunden werde ich Jesus Christus sehen.« Der Erzbischof von Paris, Kardinal Jean-Marie Lustiger, leitete 1993 trotz scharfer Proteste der Polizeigewerkschaft ein Seligsprechungsverfahren ein (A. d. Ü.).

Es ist eigentümlich, dass Christen, die gegen Abtreibung sind, sich manchmal für die Todesstrafe aussprechen und umgekehrt. Die US-amerikanischen Bischöfe, die sich mehr als viele andere aktiv gegen Abtreibung engagiert haben, haben auch klar Stellung gegen die Todesstrafe bezogen. Bei den Laien ist das nicht immer so eindeutig. Dennoch bleibt es ein Gradmesser für unsere Glaubwürdigkeit, wie wir das Recht eines jeden Menschen auf Leben verteidigen, sei es ein wehrloser Fötus oder ein Massenmörder. Von Ostern her wird das noch zwingender. Wir müssen hier tiefer in die Bedeutung des neuen Lebens von Ostern eindringen. Wenn Jesus die Macht des Todes und der Sünde bricht, muss das auch Folgen für jenen haben, der den Weg des Todes und der Sünde geht. Erlösung muss auch in ihnen wirksam werden können. Jesus will alle erlösen. Und alle müssen die Möglichkeit bekommen, das neue Leben der Auferstehung zu empfangen.

Besonders schwierig ist in diesem Zusammenhang die Frage des sogenannten Tyrannenmordes. Ein neuerer Film über das Hitler-Attentat hat diese Frage wieder auf die Tagesordnung gebracht. Einer der Verschwörer war ein überzeugter Katholik, Stauffenberg, der vor dem missglückten Attentat beichtete, auf jeden Fall aber eine Bestätigung oder Vergebung für seine Tat suchte. Darf man einen Tyrannen töten, der ansonsten viele Millionen Menschen töten wird? Man hat viel darüber diskutiert und nachgedacht, sich daran Jahrhunderte lang wund gerieben. Wer kann entscheiden, ob es gerechtfertigt ist oder nicht? Wie groß muss der Tyrann sein, um ihn aus dem Wege räumen zu dürfen? Die Frage wird heute einmal mehr aktuell, wo extrem fanatische Muslime Selbstmordattentäter werden. Die Fragezeichen werden

im Blick auf den Tyrannenmord immer zahlreicher. Man wird Stauffenbergs gute Absicht nicht anzweifeln können. Wäre es ihm geglückt, hätten viele Millionen Menschen vor dem Tod bewahrt werden können.
Als Stauffenberg die Bombe platzierte, war ihm bewusst, dass er selbst beim Attentatsversuch ums Leben kommen könnte. Er rechnete also mit dem Selbstmord. Die Kirche hat sich stets vom Selbstmord distanziert. Ja, lange Zeit verweigerte sie Selbstmördern ein kirchliches Begräbnis. In manchen Fällen machte man jedoch mildernde Umstände geltend, z. B. wenn jemand unter Folter Gefahr lief, andere Menschen zu verraten und dadurch ihr Leben zu gefährden. Wenn auch die Kirche den Selbstmord als schwere Sünde sieht, zeigt man heutzutage von der Osterperspektive her großes Verständnis für diese oft unglücklichen und verwundeten Menschen, die keinen anderen Ausweg sahen. Es kommt kaum mehr vor, dass man ihnen ein kirchliches Begräbnis verweigert. Dennoch bleibt es wichtig, auch hier prinzipiell von Ostern her zu denken: Unser menschliches Leben ist unantastbar sowohl von der Schöpfung her als auch noch mehr von der neuen Schöpfung durch Ostern. Das kann eine gute Hilfe für Menschen in der Gefahrenzone sein. Ich selbst habe schwer depressive Menschen getroffen, die mir versicherten, das Einzige, das sie vom Selbstmord abgehalten hätte, wäre die eindeutige Verkündigung der Kirche gewesen, dass er eine schwere Sünde sei.

*Der letzte Atemzug*

Als Christus in seinem menschlichen Leib auferstand, gab er auch unserem Leib eine neue Würde. In jeder Phase unseres Lebens ist der Leib schützenswert. Wir können Seele und Leib nicht voneinander trennen. Selbst der geplagte, verwundete und zerschlagene Leib hat eine Schönheit und Würde. Dies scheint besonders wichtig in einer Zeit, in der man den makellosen, durchtrainierten und sexuell attraktiven Körper verherrlicht. Das Alte, Verbrauchte und Wunde weckt Widerwillen – mit katastrophalen Folgen für das Menschenbild. Alte und sterbende Menschen zu pflegen, sollte ein ehrenvoller Auftrag sein, hat aber praktisch einen niedrigen Status und wird schlecht bezahlt.

Hier bedürfen wir der Perspektive von Ostern mehr als auf den meisten anderen Gebieten. Der Ruf nach dem sogenannten assistierten Selbstmord oder Euthanasie wird immer lauter. Die Verkündigung der Osterbotschaft in Wort und Tat braucht neuen Schwung, damit wir jenen Hoffnung und Zuversicht geben können, die sich womöglich verpflichtet fühlen, sich töten zu lassen, um Angehörigen, Pflegepersonal oder Steuerzahlern nicht zur Last zu fallen. Der Glaube an die Unantastbarkeit des Lebens ist eine frohe Botschaft für alle in der letzten Lebensphase. Sie haben dasselbe unveräußerliche Recht auf ein würdiges Leben wie alle anderen. Wirksame Schmerzbehandlung und funktionierende Palliativpflege sind die beste Weise, den Ruf nach Euthanasie zum Verstummen zu bringen. Am besten kombiniert mit einer stärkeren Betonung von der Kraft und Bedeutung von Ostern gerade für die Todkranken. Alle, die als Seelsorger im »Wartesaal des Todes«[8] wirken durften, wissen, wie wichtig dieser letzte Lebensabschnitt ist, damit Menschen Versöhnung mit sich selbst, ihren Angehörigen und Gott finden können.

Der Gradmesser für die Zivilisiertheit und Menschlichkeit

8 Titel eines Romans des schwedischen Verfassers Sven Stolpe (*I dödens väntrum*, 1930; A.d.Ü.).

einer Gesellschaft ist die Weise, wie sie Schwerkranke und Sterbende behandelt. Hier wird unser Menschenbild wirklich auf die Probe gestellt. Die Zukunft wird weisen, ob unsere heutige Gesellschaft die Probe bestanden hat oder nicht. Oft merken wir erst im Nachhinein, was falsch war. Sehr spät ging es uns Schweden auf, dass Zwangssterilisierungen ein nationales Trauma waren, das bis heute tiefe Spuren hinterlassen hat[9]. Die kommende Generation wird sicher unseren Umgang mit Abtreibung und Sterbehilfe kritisieren. Darum darf auch die Stimme der Kirche nicht verstummen: Mensch, denk daran, dass du ein Recht auf Leben vom ersten zerbrechlichen Beginn bis hin zum letzten röchelnden Atemzug hast! Schon durch die Schöpfung hat der Mensch dieses Recht verliehen bekommen, das ihm niemand absprechen darf. Durch Ostern wird dieses Recht noch deutlicher. Als Christen müssen wir uns von der österlichen Dynamik treiben und das neue Leben der Auferstehung konkret werden lassen. Unsere Weise zu reden, zu denken und zu handeln, sollen österlich werden. Dann bekommen wir mehr Kraft, die Frohe Botschaft vom Wert und der Würde des menschlichen Lebens mit Nachdruck weiterzugeben. Die Macht des Todes ist gebrochen, das Leben hat gesiegt! Das Leben ist die größte Gabe, die uns geschenkt ist.
*Allmächtiger Gott, du hast deiner Kirche durch die österlichen Geheimnisses neues Leben geschenkt. Bewahre und beschütze uns in deiner Liebe und führe uns zur Herrlichkeit der Auferstehung* (Liturgie vom Ostersonntag).

9 Der schwedische Reichstag verabschiedete 1934 ein Gesetz zur Zwangssterilisierung, das psychisch Kranke, sog. »Asoziale«, geistig und körperlich Behinderte betraf (eugenische, soziale und medizinische Indikation). Das Gesetz wurde zwar 1941 gemildert, d. h. es musste eine deutlichere Indikation vorliegen, allerdings erst 1975 abgeschafft. Schätzungsweise 63 000 Menschen, v. a. Frauen, wurden zwangssterilisiert (A. d. Ü.).

# Schaffe Raum für die Freude!

Wir wissen alle, was Mitleid ist. Wenige dagegen, was Mitfreude ist. Das christliche Leben besteht darin, sich mit Jesus Christus zu freuen, der uns schon jetzt an seiner himmlischen Herrlichkeit und Freude teilhaben lässt. Die Auferstehung ist das Herz unseres Glaubens. Die Teilhabe am Sieg von Ostern schenkt uns Freude mit dem Auferstandenen.
Das Christentum ist geprägt von dieser Atmosphäre stiller und dankbarer Freude darüber, dass Gott in Jesus Gott-mit-uns sein will. Darum können wir in Jesus auch Mensch-mit-Gott sein. Der Advent ist die rechte Zeit, um sich in dieser Teilhabe an Gottes innerer Freude einzuüben. Freude ist stets von Erwartung und Hoffnung geprägt. Die Freude orientiert uns vorwärts zu etwas und jemandem, der kommen wird. Im Advent wird der zarte Beginn der Freude sichtbar. Sie wird Person. »Wer ist unsere Hoffnung, unsere Freude?« (1 Thess 2,19). Die Freude findet sich immer in dem Anderen, in ihm, der kommen wird, dem sehnsüchtig erwarteten Erlöser. Wir dürfen die Freude mit ihm, an dem der Vater sich von Ewigkeit her freut, teilen. Die Freude schließt zusammen und vereint.
Je mehr wir uns in der Sehnsucht üben, des-

to größer wird auch die Freude. Die Sehnsucht hat eine eigenartige, stille Freude. Das vergessen wir heute schnell. Man will alles und das sofort, ohne lange und sehnsüchtig zu warten. Der Advent könnte eine Zeit der Umschulung sein, in der wir lernen, geduldig auf den zu warten, der kommen wird. So lernen wir, alles Unwesentliche beiseitezulassen, Abstand von allem zu nehmen, was ihn betrüben oder uns hindern kann, unser ganzes Herz auf ihn auszurichten. Gemeinsam mit der Jungfrau Maria lernen wir, seiner Ankunft freudig entgegenzusehen. Wir freuen uns darüber, dass Gott uns seinen eigenen Sohn senden will. Wir verstehen immer besser, wie groß Gottes Liebe zu uns ist, aber auch, dass wir berufen sind, diese Gabe mit Gegenliebe zu beantworten. Wie könnten wir nicht den Gott lieben, der um unseretwillen Mensch mit uns wird, für uns leidet und stirbt? Allein mit und in ihm finden wir die Antworten auf unsere tiefsten Fragen. Allein er kann uns jene Freude geben, die Bestand hat.

»Fürchtet euch nicht, denn ich verkünde euch eine große Freude, die dem ganzen Volk zuteilwerden soll« (Lk 2,10). Als Jesus auf unsere Erde niederstieg, vertrieb er alle Furcht und Angst aus unserem Herzen. Diese Gabe werden wir aber nur dann empfangen können, wenn wir versucht haben, uns vorzubereiten. Die Gnade von Weihnachten ist abhängig davon, wie wir uns in Warten und Sehnsucht des Advent eingelebt haben. Ist unser Herz von anderen Dingen voll, gibt es keinen Platz für ihn, der unser Inneres mit seiner Gegenwart füllen will. Die Freude kann nur dann um sich greifen, wenn wir alles Unnötige in uns »entrümpelt« haben. Darum ist der Advent auch eine Zeit der Buße und des Verzichts, die uns frei für Gott machen. Leider bedeutet der Advent für viele genau das Gegenteil. Es ist die Zeit im Jahr, in der wir am meisten schlemmen und einkaufen. Weihnachtsessen und Weihnachtshandel drohen unser Verlangen nach Jesu Geburt zu ersticken. Wir sollten den ursprünglichen Sinn und die Gnade der Adventszeit zurückerobern. Sonst wird auch uns Weihnachten kaum berühren. Wir werden erst dann von der Mitfreude ergriffen, wenn wir für sie Raum geschaffen haben.

## Wir sind freier, als wir glauben

Wir können immer wieder von vorn beginnen. Als Christen können wir immer wieder Christi neue Gnade empfangen, die uns und unser ganzes Leben erneuert. Wenn uns aufgeht, dass er uns immer wieder eine neue Chance geben will, können wir befreit aufatmen. Jeder Augenblick ist ein neues Jetzt, in dem wir von vorn beginnen dürfen. Wir sind nicht an unsere Vergangenheit gekettet. Wir dürfen uns in jedem Augenblick heilen und erneuern lassen. Wir dürfen nicht nur Neuanfänger im Jetzt sein. Im Jetzt bekommen wir vielmehr einen Vorschuss auf die Ewigkeit, denn sie ist –

wie die Scholastiker sagen – *actualitas divina*, Gottes ständige Aktualität. Darum sind wir niemals eingeschlossen in Zeit und Raum, sondern haben eine Ewigkeitsperspektive. In jedem Augenblick blitzt die Ewigkeit auf, von der wir einen Schluck zu trinken bekommen. Wir werden aus unserer begrenzten, kleinen Welt entrückt und bekommen Teil an einer unbegrenzten Wirklichkeit, die Christus uns durch seine Auferstehung geöffnet hat. Auch wenn wir in jedem Augenblick Neuanfänger sein können, gibt es besonders geeignete Zeiten und Orte für diesen Neuanfang in der Gnade Gottes. Der Herbstbeginn ist eine solche Zeit, die sich besonders dafür eignet, mit unserem Leben als Christen neu zu beginnen. Wie Schulanfänger, ja, wie jedes Kind, das in eine neue Klasse kommt, können wir in jedem Herbst mit etwas vollkommen Neuem und Interessantem beginnen. Der Sommer ist zu Ende, und wir haben Kraft gesammelt, um uns unseres Lebens anzunehmen und daraus etwas noch Schöneres zu machen. Es ist wirklich gut, das neue Halbjahr zu einem Neuanfang für unser Leben in Christus zu machen. Wir wissen, dass wir immer wieder neu beginnen müssen. Aber gewisse Zeiten laden uns mehr dazu ein, uns besonders anzustrengen. Doch eigentlich geht es weniger um eine Anstrengung als vielmehr darum, sich einfach Gottes zärtlichen Händen zu überlassen. So wie der Schulanfänger in der ersten Klasse nicht richtig weiß, was ihn erwartet, können auch wir uns angesichts des Bevorstehenden ein wenig beunruhigt fühlen. Aber gerade so bekommen wir die einzigartige Möglichkeit, uns im Grundvertrauen zu üben, um Neues und Unbekanntes zu wagen. Wir sind geborgen in Gott und können deshalb Vertrauen wagen: Das Neue, das uns erwartet, wird uns ihm noch näherbringen.

Der Herbstbeginn kann eine Hilfe sein, uns in einer geistlichen Haltung zu üben, die uns durch das ganze Leben begleitet und immer intensiver werden soll. Wir sollten uns nicht zu oft zum schönen Sommer zurücksehnen, sondern uns hier und jetzt für Gottes Gegenwart und Willen öffnen. Wir sollten uns auch nicht beunruhigen, dass der Winter bald da ist, sondern uns stattdessen an dem freuen, was gerade jetzt schön ist. Wir sind so leicht versucht, vom Augenblick hier und jetzt zu fliehen, auch wenn wir wissen, dass wir nur in ihm Gott begegnen und von seiner ständig neuen Gnade erneuert werden können. Es ist so leicht, im Vergangenen stecken zu bleiben, seien es alte Probleme und Kränkungen oder Tagträume von der guten alten Zeit. Aber auch in die gegenteilige Haltung verfallen wir leicht: den Blick nach vorn zu richten, den nächsten Urlaub oder Feste zu planen oder uns angesichts all des Schlimmen, das geschehen kann, zu sorgen. Die Erbsünde zeigt sich auf diese Weise: Wir haben die Erkenntnis verloren, dass es groß und wunderbar ist, im Jetzt zu leben und in ihm einen »Vorschuss« auf die Ewigkeit zu bekommen.
Man wird es wohl nie richtig lernen, Neuanfänger zu sein. Es ist schwer, das, was ich jetzt kann, als einen Gewinn zu verbuchen. Um der Demut willen sollten wir immer Neuanfänger in dieser Kunst bleiben. Gottes Humor zeigt sich auch darin, dass das, was so selbstverständlich scheint, oft das Schwierigste ist. Doch genau hier liegt ein tiefer Sinn. Wir können lernen, dass alles Gnade und Gabe ist. Wir sollten darum eher lernen, dass mit uns neu angefangen wird. Nicht wir lernen kühn und selbstsicher, Neuanfänger zu sein, sondern Gott selbst zeigt uns unsere Armut und unser Unvermögen. Gerade so lernen wir, dass seine Gnade jeden Morgen neu ist,

dass seine Vergebung uns in jedem Augenblick heilt. In der Schule des Jetzt bleiben wir klein und schwach. Dennoch haben wir die Pflicht und die Freude, immer wieder von vorn zu beginnen.

In jedem Herbst sollten wir daran denken und den Herbst als die verheißene Zeit des Neuanfangs betrachten. Nicht zufällig beginnt das neue Schuljahr im Herbst. Als Christen gehen wir in die Schule des Geistes, um die Grunddinge des christlichen Lebens zu lernen. Damit werden wir nie fertig. Es wird immer mehr geben, worin wir uns unterweisen lassen können. Das kann für uns sogenannte Leute von heute besonders schwer sein, da wir an schnelle Ergebnisse und Hochleistung gewöhnt sind. Die Gnade des Herbstes hilft uns, Freude daran zu finden, Neuanfänger zu bleiben. Gott lässt uns in seiner unbegreiflichen Barmherzigkeit immer wieder neu beginnen. Wir sind nicht gefesselt, sondern frei, uns in jedem Augenblick seiner ewigen Liebe zu überlassen. Mit jedem Atemzug können wir den »Vorschuss« auf die Ewigkeit entgegennehmen. Mit jedem Herzschlag können wir uns mit dem Herzen Jesu vereinen.

Wir sind freier, als wir glauben. Die Zeit kann uns weder fesseln noch gefangen nehmen. Die Ewigkeit steht uns offen, seit Jesus auferstand, und schon jetzt bekommen wir einen kleinen Vorgeschmack auf sie.

# Liebe sucht den anderen

Es gibt fromme Worte, die Unbehagen wecken. »Opfer« ist eines dieser Worte, das heute ein solches Unbehagen hervorruft, sobald man es nur nennt. Doch wir dürfen nicht vor dem Zeitgeist kapitulieren und auf ein Vokabular verzichten, das wir brauchen, um Jesu Botschaft zu vermitteln. Wir sollten auch die hinter dem Wort »Opfer« liegende Wirklichkeit zurückgewinnen. Jesus hat sich ein für alle Mal am Kreuz geopfert, um uns zu erlösen. Ohne Jesu Opfer gibt es keine Rettung, kein ewiges Leben, keinen Himmel. Dieses Opfer bleibt in der Eucharistie sakramental für uns gegenwärtig. Das Messopfer lässt uns teilhaben am Schatz der Gnade, den das Kreuzesopfer beherbergt. Dort bringt Jesus sich als Opfer um unseretwillen aus unendlicher Liebe zu uns sündigen Menschen und Mitleid mit uns dar. *Pro nobis*, für uns opfert er alles.

So sehr sind wir geliebt, so viel bedeutet Gott das Heil jedes Menschen, dass er seinen einzigen Sohn hingibt (Joh 3,16). Gottes Liebe zu uns hat immer den Stempel des Opfers. Gottes Liebe ist immer Selbsthingabe. Sie sucht nicht das Ihre, sondern sehnt sich nach der Antwort unseres Herzens, nach unserem Opfer. Wahre menschliche Liebe ist immer eine sich hingebende Liebe.

Die Zeit um Allerheiligen und Allerseelen eig-

net sich besonders zur Betrachtung der Bedeutung von Opfer und Selbsthingabe. Heiligkeit beruht stets darauf, dass man sich selbst und seine Interessen opfert. Das gilt sowohl für Gott selbst, wie wir am Kreuz sehen, als auch für jene von uns, die heilig geworden sind. Eigentlich sind wir schon in der Taufe geheiligt; wir haben auf jeden Fall das Senfkorn der Heiligkeit bekommen, das dann wachsen und sich entfalten kann. Dieses kleine Korn dürfen wir in unserem Leben bewahren und ehren, damit es Frucht bringen kann. Das Leben auf Erden wurde uns geschenkt, damit die Heiligkeit reifen kann. Der Tod ist das Ziel oder besser der Übergang zum Reich der vollendeten Heiligkeit und Herrlichkeit. Nur wer sich auf seiner Lebensreise hat reinigen und heiligen lassen, kommt in Gottes ewiges Reich. Andernfalls bedarf es eines weiteren Reinigungsbades am Übergang von diesseitigem zum jenseitigen Leben. Dieses Bad nennen wir Fegefeuer; es ist ein Reinigungsort. In seiner unbegreiflichen Barmherzigkeit gibt uns Gott alles, was wir brauchen, um zum Ziel unseres Lebens zu gelangen.

Es gibt aber auch die schreckliche Möglichkeit, nein zu sagen. Gott respektiert unsere Freiheit ganz und gar. Darum sollten wir es als die wichtigste Aufgabe unseres Lebens betrachten, ja und Amen zu Gott und seinem Willen zu sagen. Doch die Erfahrung lehrt uns, dass allzu viele sich damit begnügen, ein halbherziges Jein zu Gott zu sagen. Gleichgültigkeit und Lauheit scheinen der Normalfall zu sein. Darum brauchen wir auch eine Reinigung sowohl während dieses Lebens als auch an dessen Übergangsstelle.

Gottes Gnade ist so groß, dass er uns die Möglichkeit schenkt, einander auf dem Weg der Reinigung und Heiligung zu helfen. Die Heiligen, die uns vorausgegangen sind und uns inspirieren, beten für uns »Halbheilige«. Wir dürfen unsererseits für die Verstorbenen beten, die jetzt gereinigt und geheiligt werden. Die Solidarität der Gemeinschaft der Heiligen reicht weit über die Grenze des Todes hinaus. Jesus hat alle Mauern niedergerissen. Es gibt einen Fluss der Liebe, der aus Jesu geöffnetem Herzen strömt und den Himmel, die Erde und den Reinigungsort miteinander verbindet. Jesu Kreuzesopfer hat ein für alle Mal die Macht der Sünde gebrochen und die Pforten der Hölle zerstört. Darum können wir auch einander helfen, seine sich selbst hingebende Liebe anzunehmen und so erlöst zu werden. Bei jeder Messfeier denken wir an die Verstorbenen und beten für sie. Jesu Kreuzesopfer kommt sowohl ihnen als auch uns zugute. In Anbetung und Danksagung vereinen wir uns mit ihm. Wir tragen sie zum barmherzigen Gott, damit er sie reinigen kann.

Als Jünger Jesu dürfen wir seinen Fußspuren folgen und uns selbst zusammen mit ihm opfern. In der Eucharistie werden wir umgeschult und lernen die Freude, uns selbst als Ganzopfer dem Vater in Gemeinschaft mit seinem Sohn darzubringen. Im alltäglichen Leben zeigt sich dann, ob wir Kraft und Willen haben, Jesu sich selbst hingebende Liebe Fleisch und Blut werden zu lassen. Manchmal werden wir vor die größte Prüfung gestellt, die wir überhaupt denken können: unser Leben für Jesus und für unseren Nächsten zu opfern.

In diesen Tagen denken wir besonders an Pater Kasimir Vilnis[10], der nicht zögerte, sein Leben aufs Spiel zu setzen, um einen verfolgten Juden während des Zweiten

10 Kasimir Vilnis (1907–1988) war ein lettischer Priester, der während des Zweiten Weltkrieges vielen Juden zur Flucht vor den nationalsozialistischen Henkern verhalf. 1944 wurde er selbst zur Flucht nach Schweden gezwungen. Dort wirkte er als Priester am Aufbau von Gemeinden mit. 2008 wurde er vom Staat Israel posthum in die Reihe der »Gerechten unter den Völkern« aufgenommen (A. d. Ü.).

Weltkrieges zu retten. Werden wir auch einmal in eine solche Situation geraten? Sind wir dann bereit, unser Leben hinzugeben? In der Eucharistie lernen wir, uns in diese Grundhaltung einzuüben. Wir müssen bereit sein, uns durch die Teilnahme am Messopfer verwandeln zu lassen. Es kann für den »alten« Menschen lebensgefährlich sein, an der Messe teilzunehmen. Doch gerade hier reift auch der neue Mensch heran, der Frucht bringt, Frucht für das ewige Leben.

## Nichts ist vergebens

Die Fastenzeit schreitet voran und gleitet fast unbemerkt über in die Passionszeit. Der Weg Jesu hinauf nach Jerusalem wird immer schmerzvoller. Die Zeit des Leidens nähert sich. Das unvermeidbare Ende stellt sich unserem Auge immer deutlicher dar. Wir werden immer tiefer in das bevorstehende Drama hineingezogen. Die Leidensgeschichte der ganzen Welt verdichtet sich in dem Augenblick, in dem der Herr alle Vergehen der Menschheitsgeschichte sühnt. Die Schrecken der Geschichte werden ein Teil der Heilsgeschichte. Gott ist in das Furchtbare, dessen wir Men-

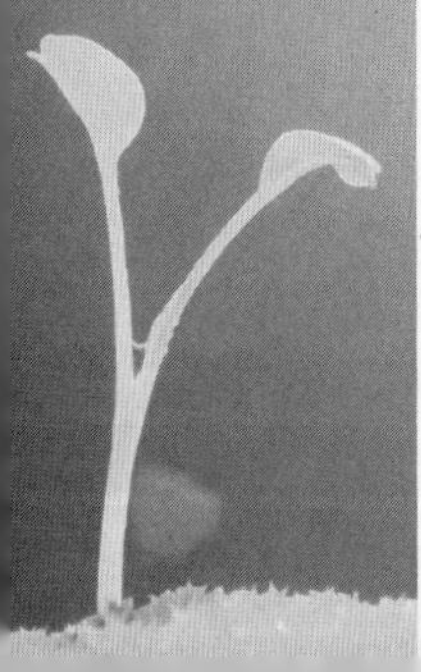

schen uns schuldig gemacht haben, hinabgestiegen. Er entzieht sich dem nicht, was wir einander angetan haben. Er geht aufrecht in alle Tragödien unserer Welt. Er will mit uns teilen, was niemand sonst mit uns teilen will. Er nimmt auf sich, was wir niemals sühnen können, was wir nicht vergeben können. Er schreckt vor nichts zurück. Er, der ohne Schuld war, nimmt alle Schuld auf sich. Er, der ohne Sünde war, lässt sich beladen mit den Sünden aller Zeiten, um zu versöhnen und zu heilen.

Leid und Bosheit, Sünde und Schuld werden wir nie richtig verstehen oder erklären können, den Tod noch weniger. Doch gerade das, was wir nicht begreifen, was uns vor Ohnmacht aufschreien und Tränen der Trauer weinen lässt, nimmt Gestalt in Jesu verwundetem und angespienem Antlitz an. Die Tragik der Welt ist nicht ein unpersönliches und schwarzes Loch, sondern lässt Jesu aus Liebe geöffnete Seite hervorschimmern. In dieses Herz können wir alles legen, mit dem wir einfach nicht fertigwerden: unsere Sünde, Gebrechlichkeit und Verwirrtheit. In Jesu mitleidsvollen Augen sehen wir den innersten Kern unseres Daseins: Gottes unendliche Liebe zu uns armen Sündern. Das Geheimnis der Barmherzigkeit offenbart sich in den gebrochenen Augen und der verwundeten Seite des Gekreuzigten. Seit Gott in die Welt hinabgestiegen ist, ist sie nicht mehr wiederzuerkennen. Leiden und Schmerz sind nicht weniger geworden, aber wir sehen es in einem Gekreuzigten, der aus Liebe zu uns, die ihn verwundet haben, leidet. Wir ahnen, dass der Schmerz nicht das letzte Wort haben kann, gleich wie durchdringend er auch sein mag.

Die Passionszeit ist eine Gelegenheit, unsere kleinen Leiden in Jesu großes und Heil bringendes Leiden einzufügen. »Wer das Leiden des Herren wirklich verehren

will, soll mit dem Auge des Herzens so zum gekreuzigten Jesus aufschauen, dass er erkennt, dass Jesu Leib sein eigener ist« (Leo der Große). Wir sind bei ihm. Wir dürfen unsere Schmerzen auf ihn legen und ihm zugleich helfen, sein Kreuz zu tragen. Das Leiden schafft nicht nur Grenzen, sondern auch Gemeinschaft und Solidarität. Darum können wir uns unserer Leiden auf eine fruchtbare Weise bedienen, indem wir sie Jesus schenken und opfern. Oder besser gesagt, ist es Jesus selbst, der weiter in und mit uns leidet. Als Glieder seines Leibes teilen wir sein Leiden und lassen es sich fortpflanzen um unseres Heiles willen.
Die Geschichte – sowohl unsere kleine persönliche wie die große der Welt – ist stets Heilsgeschichte. Im Glauben erkennen wir Jesus und sein Leiden in dem wieder, was in uns und der Welt geschieht. So ist nichts vollkommen vergebens oder zwecklos. Alles kann Anteil haben an der verborgenen Fruchtbarkeit der Gnade und zu Versöhnung und neuem Leben beitragen. Die Kirche nimmt an Jesu Leidensweg teil. Durch die Zeit hindurch darf sie, seine Braut, die Leiden des Bräutigams teilen. Es ist ein Privileg des Heils, dass die Kirche Jesu mühsamen Weg hinauf nach Jerusalem mitgehen darf. Als Vermittlerin des Heils muss sie auch den inneren Schmerz des Heilandes tragen. Das Martyrium ist nie fern. Doch wie oft vergessen ihre Kinder das und richten sich stattdessen bequem hier auf Erden ein. Aber der Herr sieht zu, dass wir erschüttert werden und den Schmerz aus nächster Nähe sehen. Nur so können wir zum neuen Leben von Ostern gelangen, zur ewigen Herrlichkeit und Freude.
In unserer Zeit gibt es ein besonderes Leiden für und an der Kirche, das oft mit der Weise zu tun hat, wie die Welt

und die Medien auf sie schauen. Sie muss ausstehen, was der Herr ausgestanden hat. Sie wird fehlgedeutet und in den Schmutz gezogen. Sie wird beurteilt und verurteilt, gehasst und in Stücke gerissen. Eigentlich wäre es erstaunlich, wenn es anders wäre. Sollte die Braut etwa nicht das Los ihres Bräutigams teilen? Es wäre äußerst erstaunlich, würde man sie nicht ebenso verachten und hassen wie ihn. Dabei sollten wir dieselbe Liebe und Nachsicht mit den Verleumdern zeigen wie er. Er, der für seine Verfolger und Henker betete, lehrt sie das Schwerste überhaupt: jene zu lieben, die einen verfolgen oder lächerlich machen.

Natürlich unterscheiden sich die Leiden Christi und die der Kirche. Er war ohne Sünde und Schuld, sie ist voll mit schwachen und sündigen Menschen. Er war unbefleckt von der Sünde der Welt, während ihr Antlitz entstellt ist von der Schwachheit und den Fehlern ihrer Kinder. Gerade deshalb muss sie demütig die Schläge ertragen, die – kurz gesagt – die ganze Welt gegen sie richtet. Sie ist eine Büßerin auf der Pilgerwanderung durch die Labyrinthe der Geschichte. Doch sie ist auch heilig durch Jesu Heiligkeit. Wenn sie nur einer verwirrten Welt seine Botschaft und Wahrheit vermitteln kann! Sie will nichts lieber als helfen und pflegen, Licht und Hoffnung geben. Dennoch werden ihre Absichten immer wieder fehlgedeutet und missverstanden. Gewiss kann das an ihrer Unzulänglichkeit und Schwäche liegen – auch sie ist im Guten wie im Schlechten ein Kind ihrer Zeit. Dennoch ist es sie allein, die den Weg zu dem Einzigen weisen kann, der uns rettet und den ewigen Frieden und die Freude Gottes schenken kann. Ihr Kreuzweg führt immer zur zarten Hoffnung des leeren Grabes und zur vollen Freude und Jubel von Ostern.

Der Kreuzweg der Kirche ist in letzter Zeit für alle sichtbar geworden, die Augen zu sehen und Ohren zu hören haben. Überall hat man sie geschlagen und angespuckt. Ihr Los war Hass und Verachtung. Je mehr die Kirche jedoch verhöhnt wird, desto mehr segnet sie jene, die sich gegen sie wenden. Dabei muss sie auch erklären, wem sie dienen und ihre Botschaft verkünden will. Einige Ereignisse der jüngeren Zeit können wir als Stationen auf dem Kreuzweg der Kirche deuten; sie helfen ihr, deutlicher auf ihren gekreuzigten Herren zu weisen.
Die erste Station auf dem Kreuzweg der Kirche ist die Geste von Papst Benedikt XVI., die Exkommunikation von vier Bischöfen aufzuheben, die sich aus der Einheit gelöst haben[11]. Obwohl der Zeitpunkt für diese – rein menschlich betrachtet – törichte Güte unglücklich gewählt oder eher gar nicht gewählt war, sehen wir hier deutlich die mütterliche Sorge der Kirche für die verlorenen Schafe. Trotz der mit nichts zu rechtfertigenden Äußerungen eines dieser Bischöfe reichte man die Hand zur Versöhnung. Der Papst, der das Amt der Einheit innehat, folgte seinem Herren, der darum betete, dass alle eins seien. Böse und Gute, Sünder und Heilige, alle sind zu Hause im Schoß der Kirche. Das ist unbegreiflich für die »Welt«, in der man sich von Sympathie und gemeinsamen Ansichten, von Nationalität und Klasse leiten lässt. Christus ist nicht für die Gerechten, sondern für die Sünder Mensch geworden. Er will alle in seinem Schafstall zusammenführen. Er sucht auch die schwarzen Schafe, die entlaufenen und widerspenstigen. Er sehnt sich nach dem, was verloren scheint. Letztlich kann Umkehr und Herzensverwandlung nur in

11 Es handelt sich um Bischöfe der von Erzbischof Lefebvre gegründeten schismatischen Pius-Bruderschaft.

der vollen Einheit der Kirche geschehen. Dort wartet Christus, der Gute Hirte, auf uns alle, die mehr oder weniger verloren sind.
Die zweite Kreuzwegstation ist ohnegleichen. Ein neunjähriges Mädchen in Brasilien, das mehrere Jahre von ihrem Stiefvater regelmäßig vergewaltigt wurde, mit Zwillingen schwanger wird und eine Abtreibung durchmacht. In ihr erkennen wir die unzähligen Kinder wieder, die nicht Kinder sein dürfen, sondern missbraucht und mit Füßen getreten werden. In ihren Kindern sehen wir die Kinder, die nicht geboren werden dürfen. Manchmal scheint das Dunkel undurchdringlich. Alles ist aussichtslos. Was man auch tut, es wird falsch. Abtreibung kann man nie gutheißen. Eine Situation ohne Lösung. Die Geschichte ereignete sich vor den Augen der Weltöffentlichkeit, und alle meinten, genau zu wissen, wie man handeln solle. Was man behutsam und diskret, mit Barmherzigkeit und Mitleid, in Beichte und Seelsorge hätte behandeln sollen, wurde ein Diskussionsthema in aller Munde. Auch wenn man die genauen Umstände nicht kennt, meint man sehr genau zu wissen, dass die Kirche in jeder Hinsicht versagt hat. Sicher, wir machen alle Fehler, auch die Kirche. Aber die Welt weiß genau, welche Fehler die Kirche macht, und verurteilt sie. Die Kirche überlässt das Urteil einem Anderen. Und sie betet für jene, die Fehler machen, wie auch für jene, die verwundet und mit Füßen getreten werden. Das kleine Mädchen mit ihren Zwillingen wird von Abertausenden Gebeten getragen, die im Verborgenen geflüstert werden, nicht zuletzt von ihr, die sowohl Gottes als auch unsere Mutter ist. Und auch der abscheulichste Stiefvater wird von Fürbitten getragen.

Die dritte Station auf dem Kreuzweg der Kirche ereilt gerade sie, die trauernd am Fuß des Kreuzes stand. Sie, die niemals etwas Böses getan hat und deren Herz – wie ein Dichter sagt – »einem Vogelnest gleicht, in das wir unsere Sorgen legen können«. Immer wieder wird sie geschlagen und getreten. In einem Museum wird sie in einer Umdeutung zu etwas gemacht, das sie nie war. Man erkennt ihr die Würde als Gottesmutter und Jungfrau ab. Man will sie um jeden Preis in den Schmutz ziehen. Doch das darf uns nicht wundern. Je heiliger ein Mensch durch Gottes Gnade geworden ist, desto aufgeregter und beleidigter wird man. Man hält es nicht aus zu sehen, was Gott in einem Menschen wirken kann. Doch die Jungfrau Maria ist ohne Sünde. Sie kann nicht anders, als weiterhin für jene zu beten, die nichts von ihr wissen wollen. Sie ist auch deren Mutter; sie, die Mutter alles Lebenden. Sie ist die Fürsprecherin vor allem für jene, die ihren Hass gegen sie ausspeien. Allein die Liebe kann heilen und beleben.
Die vierte Kreuzwegstation ist das Leiden, das Afrika heimsucht, den Kontinent, den die Kirche am meisten liebt. Denn die Kirche erweist sich als Mutter, die jene am meisten liebt, die es am schwersten haben. Und jetzt gerade leidet Afrika mehr als jemals zuvor. Papst Benedikt XVI. reiste (im März 2009) zum ersten Mal dorthin und hatte eine Botschaft der Hoffnung im Gepäck. Darüber hinaus auch eine strenge Botschaft an uns, die sich in unseren überfütterten Ländern wegen der Folge der Finanzkrise bemitleiden und dabei das unendlich größere Leid unserer afrikanischen Brüder und Schwestern vergessen. Er versuchte wirklich zu sehen, was Afrika braucht. Doch ein kleines Wort, das er im Vorbeigehen sagte, ließ alle aufheulen über die vermeintliche

Blindheit des Papstes; man brüstete sich dagegen mit der eigenen Vortrefflichkeit und Einsicht. Ein liberaler Harvard-Professor bedauerte das, kam aber nicht umhin, dem Papst recht zu geben, dass Kondome allein nicht die Aidskrise lösen können. Solche Stimmen dringen doch meist nicht durch.
Die fünfte Station auf dem Kreuzweg der Kirche geht mitten durch ihr Herz. Es ist das Ungenügen und die Äußerlichkeit jedes Christenmenschen. Gerade damit verbergen wir das wahre Antlitz Christi und seiner Kirche. Durch unsere persönliche Wunde stehen die Gegenwart und das Handeln der Kirche als mangelhaft und selbstgenügsam da. Georges Bernanos sagte einmal, die einzige Tragödie sei, dass wir nicht heilig seien. Dennoch kann Gott etwas Großes in unserem zwiespältigen Herzen vollbringen. Darum können wir mit Hoffnung und Zuversicht auf unserem Pilgerweg weiterwandern, auf dem Weg der Kirche durch die Geschichte. Ein Anderer führt uns an. Er hat das Kreuz auf sich genommen. Wir tragen nur einen kleinen Splitter davon. Und er ist auferstanden! Darum wandern wir mit Gewissheit auf unserem Weg. Wir werden niemals ganz und gar vom Bösen beherrscht werden. Der Sieg ist errungen, doch stets verschleiert. »Keinem Kranken wird der Sieg des Kreuzes vorenthalten; es gibt niemanden, dem Christi Gebet nicht hülfe« (Leo der Große). Unser Kreuzweg und der Kreuzweg der Kirche setzt sich fort in der Geschichte. Die Hoffnung, Gott zu schauen, wie er ist, gibt uns Kraft und Mut, gleich wie schwer die sechste Kreuzwegstation auch werden mag …

# Mit Jesus als verborgenem Reisegefährten

Wohin gehen wir? Warum leben wir? Am Beginn eines neuen Jahres kann es gut sein, sich einen Überblick zu verschaffen, indem man darüber nachdenkt, was einen im Innersten bewegt. So wie wir unser Auto regelmäßig durchchecken lassen, sollten wir unserem tiefsten Ich eine Untersuchung im Licht des Geistes gönnen.
Nach einer Legende offenbarte sich der verherrlichte Jesus Petrus vor den Toren Roms und fragte ihn: »Wohin gehst du?«, auf Lateinisch »Quo vadis?«. An jener Stelle am Stadtrand von Rom, wo sich jene Begegnung ereignet haben soll, liegt eine kleine Kirche, die nach dieser Frage – »Quo vadis?« – benannt ist. Petrus war gerade dabei, sich aus Rom auf und davon zu machen, um seinen Verfolgern zu entkommen. Die Begegnung mit dem Herrn stärkte ihn jedoch im Glauben, so dass er nach Rom zurückkehrte, um sein Leben für Christus hinzugeben. In unserem Leben geht es selten so dramatisch zu. Dennoch werden wir immer wieder vor wichtige Fragen gestellt: Was treibt uns an? Was wollen wir mit unserem Leben? Für wen leben wir? Was ist der Sinn des Lebens? Eine Antwort gibt es im Letzten nur bei dem, der Gottes Antwort

an uns ist, Gottes ewiges Wort, das in Jesus Christus Fleisch angenommen hat.
Jesus ist immer mit uns auf unserem Lebensweg. Oft ist er unserem Blick verborgen. Dennoch ist er da, und wir können ihn finden, wenn unser Herz offen ist und brennt. Die Erzählung der Emmaus-Jünger ist immer aktuell; sie beschreibt unsere christliche Existenz (vgl. Lk 24,13-35). Wir sind ständig unterwegs. Dabei glauben wir, dass wir nach Emmaus oder einem anderen irdischen Ziel streben. Doch im Grunde hat unsere Lebensreise ein unendlich viel größeres und herrlicheres Ziel. Wir sind nie allein auf unserem Weg. Seit Gott in Jesus Christus Mensch geworden ist, ist er unser Reisegefährte und Wegweiser. Er ist »der Weg, die Wahrheit und das Leben« (Joh 14,6) für uns gerade dort, wo wir uns befinden. Manchmal vergessen wir diese Perspektive und laufen Gefahr, uns zu verirren und im Dunkeln zu tappen. Darum ist es so schön, wenn wir uns Zeit gönnen, um zu bedenken, wohin wir gehen.
Das Ziel unserer Reise liegt jenseits des Horizonts in Gottes ewiger Herrlichkeit, in die der Auferstandene uns vorausgegangen ist, um uns einen Platz zu bereiten (vgl. Joh 14,2-4). Wir gehen stets dem Auferstandenen entgegen, und er geht stets in verborgener Weise mit uns auf unserem Weg, oft als der Leidende, Übersehene, Vernachlässigte. Es ist Zeit, seine Verkleidungen zu durchschauen. Er liebt es, sich zu verkleiden und zu verbergen, damit wir ihn mit umso größerem Eifer suchen. Denken wir nur an das Hohelied der Liebe! Der Bräutigam verbirgt sich auf viele Weisen, damit die Braut ihren Geliebten mit wachsender Leidenschaft suche.
Hätten wir nur einen Bruchteil ihrer leidenschaftlichen Liebe, wie herrlich wäre dann unser Leben! Wie nah

wäre uns Jesus, auch wenn er sich verbirgt in der scheinbaren Abwesenheit, die eine seiner Lieblingsweisen ist, unsere leidenschaftliche Liebe hervorzulocken. Letztlich ist es natürlich Jesus, der sich leidenschaftlich nach jedem von uns sehnt. Darum stellt er uns immer wieder die Frage »Quo vadis?«. Zärtlich und mitfühlend steht er, der Unbekannte, vor uns und wundert sich, was wir hier eigentlich tun:

# Wenn die Kirche Waschtag hat

Bisweilen sagt man, der Durst sei ein Beweis für die Existenz des Wassers, wie das Gebet ein Beweis für die Existenz Gottes sei. Das Wasser spricht auch über Gott, oder besser, es singt einen Lobgesang zu seiner Ehre. Unser Leben mit Gott beginnt im Wasser, im Taufwasser. Die größte Gefahr in unserem Leben ist das Austrocknen und Versiegen der Taufquelle. Viele finden sich leider in einer trockenen Wüste wieder, wo es kein lebendiges Wasser gibt. Doch das Fehlen kann Verlangen gebären und das Verlangen Glauben und Glauben Übereignung.

Das Wasser spricht auch von Reinigung. Das gesamte christliche Leben ist ein Reinigungsprozess. Was in der Taufe begonnen hat, darf nicht einfach enden. Es wird immer etwas in unserem Herzen geben, das der Reinigung durch das lebendige Wasser bedarf. Wir sollten unsere ganze Lebensgeschichte in diesem Licht betrachten. Sie ist Heilsgeschichte. Gott will uns immer freier und reiner machen. Jesus reinigt uns mit seinem Blut von aller Sünde (vgl. 1 Joh 1,7). Gott ist Mensch geworden in Jesus Christus, der durch seinen Tod und seine Auferstehung den Weg zur ewigen Herrlichkeit für uns gebahnt hat. Um dorthin zu gelangen und Gott zu schauen, muss unser Herz von allem rein werden, was den Blick auf Gott verdunkelt. »Selig, die ein reines Herz haben, denn sie werden Gott schauen« (Mt 5,8). Wir werden alle Nadelstiche sehen, denen unser armes Herz in diesem Licht ausgesetzt ist. Hinter allem, was uns widerfährt, liegt Gottes Vorsehung als Horizont und Tiefenperspektive. Schauen wir in diesem Licht auf alle größeren und kleineren Widerwärtigkeiten, ahnen wir Gottes Sorge um uns. Nicht zufällig bezeichnet die heilige Birgitta Gott als eine geduldige Wäscherin, die versucht, uns während unseres ganzen Lebens sauber zu schrubben. Wir brechen zu einer neuen Wirklichkeit durch, wenn uns das aufgeht und wir uns nicht ständig darüber beklagen, rein gewaschen zu werden. Kleinkinder kreischen, wenn man sie wäscht. Erwachsene tun das Gleiche, bis sie verstehen, dass es eine Gnade ohnegleichen ist, von Gott gereinigt zu werden.
Auch das Feuer spricht von Reinigung. Gott ist ein verzehrendes Feuer, das nichts Unreines und Sündiges erträgt. Darum müssen wir uns dem Feuer seiner Liebe aussetzen, das alles verbrennt, was uns befleckt hat.

Selbstgefälligkeit und Selbstmitleid sitzen tief in uns. Mose erschrak, als er Gott im brennenden Dornbusch begegnete. Auch wir brauchen eine Dosis Gottesfurcht und Erzittern, damit wir nicht in dem stecken bleiben, über das sich unsere nicht christlichen Freunde aufregen: unsere Selbstzufriedenheit. Wie oft müssen wir nicht das Psalmwort wiederholen: »Erschaffe mir, Gott, ein reines Herz« (Ps 51,12). Unser ganzes Leben zeigt, wie Gott versucht, dieses reine Herz in uns zu schaffen. Der Tod ist eine reinigende und befreiende Begegnung mit dem Gott, der unendlich heilig ist und danach verlangt, unsere Sünde und Schuld zu vergeben. Alles in uns, was gegen Gottes Heiligkeit streitet, muss von seinem verzehrenden Liebesfeuer verbrannt werden. Erst dann sind wir reif, ihn von Angesicht zu Angesicht zu schauen.

Die Fastenzeit ist der große Waschtag der Kirche. Wir öffnen uns für das reinigende und befreiende Handeln Gottes. Wir erforschen unser Gewissen und lassen uns vom Wasser und Feuer Gottes reinigen. Wir folgen Jesus auf seinem Weg zum Kreuz. Wir werden rein und frei von Sünde durch sein Blut. Alles spricht von der unendlichen Liebe, die im Herzen Gottes für unsere Erlösung und Reinigung brennt. Wir können ihm immer ähnlicher werden und in Liebe für ihn und unseren Nächsten brennen.

# Gönn dir den Luxus, einfach zu sein

Ferien sind ein wichtiger Teil unseres geistlichen Lebens als Christen. Im Plan Gottes für uns Menschen folgt der Arbeit stets die Ruhe. Dies wird schon in der Schöpfungsgeschichte deutlich, in der die Arbeitstage in die Ruhe und Freude des Sabbats münden. Dieser heilige Rhythmus gilt auch für das Kalenderjahr, in dem anstrengende Monate in eine längere Ruhepause übergehen, die wir Ferien nennen. Wir können die Ferien als Verlängerung und Echo des heiligen Ruhetages ansehen, der die Sorge und Güte Gottes ausdrückt und zugleich ein prophetisches Zeichen für die ewige Ruhe und Freude ist, zu der wir berufen sind. Christlich verstanden sind die Ferien eine Zeit, in der wir uns an Gottes Güte, die gerade in dieser Zeit so konkret und greifbar wird, freuen können. Es ist wichtig, bewusst mit dieser Haltung in die Ferien zu gehen, in einer Haltung der Dankbarkeit und Übereignung an Gottes Güte. Dann und nur dann bekommen die Ferien eine tiefere und heilende Dimension.

Für viele ist es schwer, von einem stressigen Arbeitsalltag auf Ruhe herunterzufahren. Es ist nicht immer leicht, die Kunst zu lernen, es ruhig angehen zu lassen und in Gottes hei-

lender Gegenwart zu sein. Vielleicht sollten wir Kurse anbieten, wie man Ferien *feiern* kann, denn sie sollen ja eigentlich ein freudiges Feiern der heiligen Ruhepause sein, die Gott uns gönnt. Auch wir dürfen uns diesen guten und umweltfreundlichen Luxus des Nichtstuns und der Langsamkeit gönnen. Wir brauchen eine Zeit, in der wir nicht nur produzieren und konsumieren, in der wir nicht nützlich sein oder unseren Lohn verdienen müssen. Ferien sind verwandt mit Kontemplation. Diese ist ebenso wenig nützlich und produktiv im herkömmlichen Sinn.

Wir brauchen Kontemplation und Ferien als Gegengewicht in einer Zeit, in der Produktivität und Effektivität uns zu versklaven drohen. Da jedoch viele den Sonntag nicht mehr als den Ruhetag des Herrn feiern, haben sie es auch schwer, die Ferien in diesem Geist zu verbringen. Viele jagen in den Ferien nach Zeitvertreib und neuen Erlebnissen. Was die gemeinsame Freude- und Ruhezeit der Familie sein sollte, gibt Anlass zu ungeahnten Konflikten, die während des Jahres liegen geblieben sind, aber unter der Oberfläche geköchelt haben; jetzt brechen sie mit voller Kraft aus. Ferien können auch gefährlich sein, wenn sie nicht in der Freude über die Güte Gottes gründen.

Was können wir tun, damit die Ferien wieder zu dem werden, was Gott sich darunter vorstellt? Zunächst sollte man das Wort Ferien *machen*, ersatzlos streichen, denn wir tun so viele Dinge während der anderen Zeiten des Jahres. Während der Ferien reicht es, einfach zu *sein*. Wir dürfen sein, was wir sind, und uns daran freuen, in Gottes Gnade zu leben. Wir können in den Frieden und die Freude Gottes ausatmen. Wir dürfen einfach sein und uns über das Leben freuen, wie es ist. Es spielt also keine größere Rolle, was wir während der Ferien machen. Hauptsache, wir finden zurück zum Sein in Gottes Gegenwart, zu der einfachen, doch tiefen Freude, die sie schenkt. Wir können seine Wahrheit, Güte und Schönheit einatmen, wo wir gerade jetzt sind. Viele suchen während der Ferien spontan die Natur auf. Und es ist tatsächlich leichter, sich über unsere Existenz – die große Gabe Gottes für jeden von uns – zu freuen, wenn wir die Schönheit der Schöpfung genießen.

Ich glaube, hier haben wir Skandinavier gute Voraussetzungen. Wir haben bereits eine natürliche Liebe zur Natur. Mit Gottes Hilfe können wir auch das »Übernatürliche« in ihr entdecken, da die Schöpfung immer auf den Schöpfer verweist. Die kleinste Blume gibt uns einen Einblick in die überirdische Schönheit in Gott. Die summende Hummel schenkt eine Ahnung von der unendlichen Sorge um uns, die im Innersten Gottes ist. Der Jesus des Evangeliums hilft uns immer wieder, die verborgene Gegenwart Gottes in allem Geschaffenen zu sehen. Ferien können zu einer Entdeckungsreise werden, auf der wir immer mehr die in der Schöpfung verborgenen Zeichen für Gottes Sein mit uns aufspüren können. Selbst wenn uns die Ferien in das pulsierende Leben und die schöne Welt der Kunstschätze von Großstädten führen, können wir Gottes Spuren entdecken und uns an ihnen freuen.

Wenn die Sonne über uns scheint und uns bräunt, saugen wir Gottes Wärme in uns ein. Wenn der Regen niederrauscht, sehen wir das lebendige Wasser der Gnade, das uns und die ganze Schöpfung wachsen und reifen lässt. Wenn wir in Seen oder Meeren baden, werden wir von Gottes Leben spendender und reinigender Wirklichkeit berührt. Was wir auch erleben, Gott spricht immer zu uns durch alles, was geschieht.

Ferien sind nicht Ferien von Gott, dem Gebet und der Messe. Wir sollten uns gönnen, Ferien zu *feiern* und nicht nur zu *machen*. Wir können Gott von ganzem Herzen für alle Zeichen seiner Güte danken. Wo danken wir ihm am besten? In der Eucharistie, der Messe. Ferien sind eine unschätzbare Gnade, aber wir müssen sie auch annehmen und uns von ihr bereichern lassen. Dann werden Ferien, die wir feiern, zu etwas Großem und Tiefgreifendem auf unserer irdischen Pilgerfahrt zu den *ewigen* Ferien, wo wir immerdar Gott loben und verherrlichen werden.
Lasst uns schon jetzt einen Vorschuss auf diese ewige Freude nehmen, jetzt, da wir bald Ferien feiern.

# Lass das Unnötige außen vor!

Wir können uns der Dreifaltigkeit nur auf Knien und in der Stille nähern (vgl. Offb 8,1). Die Ehrfurcht vor Gottes innerem Geheimnis muss uns in Fleisch und Blut übergehen. In der Bibel gibt es zahllose Zeugnisse, wie Menschen von Ehrfurcht und Erbeben ergriffen werden, wenn sie Gott begegnen. Wir

»sollen den Vater im Geist und in der Wahrheit anbeten« (Joh 4,23). Unsere Worte sind immer ungenügend, wenn wir Gott nahekommen. Worte sind notwendig, um zu verkünden, wer Gott ist, aber wir müssen sie in schweigender Anbetung entgegennehmen, damit sie in uns Frucht bringen. Jedes Gebet sollte ein Moment der Stille haben. Die heiligen Worte können ihre Wirkung erst entfalten, wenn wir sie im Schweigen empfangen. Durch dieses anbetende Schweigen werden wir tiefer in Christus verwurzelt (vgl. Eph 3,17).

Stille ist in unserer Welt jedoch eine Mangelware geworden. Überall hören wir laute Stimmen, die uns mit ihren Botschaften zudröhnen. Auch unser Inneres läuft Gefahr, von Lärm gefüllt zu werden, der uns hindert, Gottes Stimme zu hören – gleich ob er mit Worten oder im Schweigen spricht. Darum brauchen wir eine innere und äußere Askese, um aus dieser Sklaverei befreit zu werden. Doch schlimm genug leistet etwas in uns selbst Widerstand gegen die Stille. Oft sind wir taub für Gottes Anrede und lassen uns von allem anderen »abfüllen«. Wir sollten darum sehr genau wählen, was wir hören wollen und was wir nicht hören dürfen. Stille bedeutet Verzicht, auf etwas zu hören, damit wir hellhörig für das werden, was Gott uns sagen will. »Das ist mein auserwählter Sohn, auf ihn sollt ihr hören« (Lk 9,35), sagt der Vater.

Es gibt ganz besondere Augenblicke, wo sich Stille wie von selbst einstellt. Wenn wir in der Messe Jesus empfangen haben, wird es tief in uns fast wie von selbst still. Die Danksagung nach der Kommunion ist einer der wichtigsten Augenblicke in unserem Leben, wenn wir in Anbetung Gott Dank sagen, indem wir schweigen. Manchmal ist es fast physisch unmöglich, dieses Schweigen zu brechen – so dicht und wohltuend ist es. Es kann gut sein,

ein wenig nachzudenken, wo wir dieses Leben spendende Schweigen erfahren haben, ein Schweigen, das uns Gott nähergebracht hat. Vielleicht brauchen wir mehr als jemals zuvor gerade in unserer lauten Zeit Stille vor Gottes Angesicht.

Wir können das heilige Schweigen auch bewahren, wenn wir zu den gewöhnlichen Verpflichtungen unseres Lebens zurückkehren. Wir haben einen stillen, heiligen Raum in uns, wo Gott selber wohnt. »Wir sind der lebendige Tempel Gottes« (2 Kor 6,16). Der Heilige Geist wohnt und wirkt in jedem Augenblick unseres Daseins in uns. Wir können diese innere Stille immer weiter öffnen. Aus ihr kommt das stille innere Gebet, das uns in allem, was wir sagen und tun, leiten kann. Wir brauchen Entschiedenheit und Disziplin, um das Unnötige außen vor zu lassen; es zersplittert uns mehr, als wir verstehen. Stille ist immer verletzlich. Sie entweicht so leicht. Wenn wir jedoch Geschmack an der stillen Anbetung von Gottes dreifaltigem Geheimnis gefunden haben, werden wir uns dahin zurücksehnen. Und eines Tages wird diese Stille Teil unseres immerwährenden Lobgesangs in Gottes ewiger Herrlichkeit sein (vgl. Offb 8,1).

# Gott will sich bekannt machen

Es gibt ein schönes schwedisches Wort, das wir nicht sonderlich oft gebrauchen. Die hässlichen Worte gebrauchen wir desto öfter. Sitzt man im Zug oder im Bus, hören wir ständig Flüche, manchmal aus völlig unerwarteter Richtung. Die Sprache ist ebenso verschmutzt wie die Umwelt. Hätten wir doch eine Ökologie der Worte! Die Sprache ist ein Schatz, der gepflegt und behutsam geehrt werden muss, weil sie die größten und höchsten Dinge unseres Lebens offenbaren kann. Ja, hier kommt das schöne Wort, an das ich gedacht habe: offenbaren[12]. Ein diskretes und taktvolles, kleines Wort, das viel zu sagen und zu erzählen hat. Es entspricht etwas in Gottes Wesen, denn Gott will uns kundtun, wer er ist und was er für uns tun will. Es liegt in der Natur Gottes, dass er sich bekannt oder – wie in der alten Bibelübersetzung steht – kundtun will. Wer liebt, will seine Liebe offenbaren und sie weiterschenken. »Gott ist Liebe« (1 Joh 4,16) und will sich deshalb offenbaren, wie er ist. Seit Gott die Welt geschaffen hat, hat er etwas

12 Im Schwedischen gibt es zwei Worte für »offenbaren«: das mit dem deutschen Wort »offenbaren« verwandte »uppenbara« und das schwedische »yppa«, über das der Verfasser hier spricht. »Uppenbara« ist ein deutlich religiös geprägtes Wort, während »yppa« im weiteren Sinn »erzählen« und »mitteilen« bedeutet (A. d. Ü.).

von seinem Wesen geoffenbart. Die Schöpfung offenbart auf verschleierte Weise durch ihre Schönheit, dass sie von jemandem stammen muss, der noch schöner ist. Darum kann man sich allein durch die eigene bloße Existenz an eine gewisse Erkenntnis Gottes herantasten. Allein die Tatsache, dass wir sind, ist ein Wunder, das uns weitersuchen lässt nach dem, der einfach ist.

Gott will immer mehr davon offenbaren, wer und was er ist. Das Alte Testament ist eine einzige Offenbarung von Gottes großer Liebe zu seinem Volk. Mit der Menschwerdung Gottes ist diese Offenbarung vollendet. Gott nimmt unsere Natur an, damit wir ihn besser verstehen und kennenlernen können. Als das ewige Wort in Jesus Christus Fleisch wurde, offenbarte sich die unendliche Liebe Gottes zu uns. Darüber hinaus wurde offenbart, was im Alten Bund noch nicht so deutlich war: dass Gott ein dreifaltiger Gott ist. Gott ist in sich selbst ein einziger und zugleich drei Personen, die in einer ewigen Liebesgemeinschaft leben.

Dieses innere Mysterium wurde uns durch die Inkarnation geoffenbart. An Weihnachten offenbart Gott, wer er in sich selbst ist. Dorthin hätten wir uns nie aus eigener Kraft ahnen können. Dreifaltigkeit und Inkarnation sind die Grundpfeiler des Christentums und zugleich etwas, nach dem sich der Mensch spontan sehnt. Keine andere Religion hat diese vollständige Offenbarung über Gottes Sein und Handeln empfangen. Gott will sich bekannt machen, so wie er in sich selbst ist: Vater, Sohn und Heiliger Geist. Wir Christen sind in höchster Weise privilegiert. Wir haben Erkenntnis vom innersten Geheimnis des Daseins bekommen. Gott hat sie uns geoffenbart. Damit haben wir auch eine größere Verantwortung und Pflicht, diese Offenbarung zu bewahren und ihr gemäß zu leben.

Diese Erkenntnis in Gottes Wesen spendet Leben und verwandelt. Sie ist nicht nur Theorie, sondern hat weitgehende Konsequenzen. Wenn Gott seine ganze Wirklichkeit offenbart, will er uns durch diese Gabe verwandeln. Wenn Gott in unser Leben kommt, wird es ganz neu. Gott offenbart sich, um in unserem Leben Platz zu finden, um die Hauptrolle darin zu spielen. Unser Glück und Heil liegen mehr in ihm als in uns selbst. Es handelt sich um mehr Du als Ich. Dieses Modell – das Du ist wichtiger als das Ich – hat seinen Ursprung im inneren Leben des dreifaltigen Gottes. Wir können das ganze christliche Leben in diesem Modell zusammenfassen. Alle Gleichnisse und Lehren Jesu spiegeln es wider. Jedes Du kann etwas davon offenbaren, was Gott für mich ist. In jedem Menschen, dem ich begegne, wird etwas von Gott geoffenbart, weil er ihn zu seinem Ebenbild geschaffen hat. Ich werde aus meiner stickigen Selbstbezogenheit herausgeschleudert und kann selbst zu einem Du für den anderen werden.
Gott wird Mensch. Er kommt arm und demütig zur Welt. Doch seine Herrlichkeit bleibt nicht verborgen. »Lass dein Angesicht über uns leuchten, dann ist uns geholfen« (Ps 80,4), betete schon der Psalmist, und in Jesus wird genau dies Wirklichkeit. Die Herrlichkeit leuchtet so stark auf, dass sie die Weisen aus dem Morgenland anzieht. Und so geht es durch die Zeit weiter. Die Schönheit, Güte und Barmherzigkeit Gottes leuchten durch die geringe Gestalt hindurch, die er annahm, als er einer von uns wurde. Die himmlische Herrlichkeit wurde geoffenbart und sichtbar auf unserer Erde. Doch können wir sie niemals an uns reißen oder sie allein für uns genießen. Sie entzieht sich unseren zudringlichen Blicken und Händen. Wie den Weisen aus dem Mor-

genland bleibt uns nichts anderes, als in Anbetung und Ehrfurcht niederzufallen. Wir können dem armen Kind in der Krippe nur unsere Verehrung anbieten und uns ihm ganz und gar übereignen.
In der Menschwerdung in Jesus Christus hat Gott geoffenbart, wer er ist. Unsere Antwort kann sein zu offenbaren, wer wir sind und sein wollen. Unser Leben läuft darauf hinaus zu zeigen, wer wir im Tiefsten und in Wahrheit sind. Das könnte unsere Gegengabe für Gott sein, der einer von uns werden wollte. Dabei wissen wir, dass wir seine Liebe nur beantworten können, indem wir sie von ihm empfangen und sie uns zu eigen machen. Allein durch die Gnade Gottes können wir seine Gabe annehmen und beantworten. Gerade das offenbart unsere unendliche Abhängigkeit von Gott. Ohne ihn sind wir nichts, doch durch seine Gnade empfangen wir Gnade über Gnade (vgl. Joh 1,16). Leben wir in seinem Licht, werden wir vom Licht verwandelt und können es weiterschenken.

# Sei auf Überraschungen gefasst!

Seele, wache und bete! Wach auf, Schläfer! Die Bibel ist voll von diesen schneidigen Anrufen, die ganz schön anstrengend sein können, wenn man es ein wenig ruhig und gemütlich haben will. Gerade der Advent ist eine Zeit, in der es Schweden besonders gern stimmungsvoll und schön haben wollen. Einfach ein Licht anzünden, sitzen und es sich im Halbdunkel gemütlich machen. Doch der Advent ist auch, ja noch viel mehr, eine Zeit der Wachsamkeit. In Erwartung der Ankunft des Herren sollen wir unsere Lampen am Brennen halten (vgl. Mt 25,1-13). Eigentlich ist im Inneren der Seele immer Advent, denn wir warten stets darauf, dass der Herr zu uns kommt. Es gibt keine Zeit oder Situation, in der er nicht kommen könnte. Wir können uns in Wachsamkeit üben, damit wir die Signale, Zeichen und Spuren seiner Ankunft wiedererkennen. Alles kann uns helfen, die vielen Tausend Weisen Christi, auf die er in unser Leben kommt, zu entdecken. Wir sollten wachsam und willens sein, um uns für ihn zu öffnen.
»Wachsamkeit«, das Wort klingt, als müssten wir immer unter Spannung leben. Es könnte tatsächlich Stress auslösen und uns den inneren Frieden nehmen. Doch eigentlich ist

es umgekehrt. Wachsam zu sein, bedeutet einfach, die Augen ruhig und still zu öffnen, so wie wir am Morgen erwachen und den neuen Tag als eine Gabe aus Gottes Hand entgegennehmen. Denn geht es nicht so zu, wenn wir erwachen? Wenn nicht, wäre es gut, das Erwachen zu lernen.

Am Beginn eines neuen Tages zu erwachen, ist eine starke und bewegende Erfahrung, die wir oft versäumen. Lernen wir, in guter Weise zu erwachen, kann das den ganzen Tag verändern. Beginnen wir den Tag in guter Weise, ist die Chance groß, dass wir auch in guter Weise weitergehen. Dann bleiben wir wach und können alles als eine Gabe aus der Hand Gottes empfangen. Dann sind wir auch danach wachsam. Wir entdecken immer besser alle Weisen, die Gott erfindet, um in unser Leben zu kommen. Es gibt keinen größeren Erfindungsreichtum als seinen. Alles kann Träger seiner Gegenwart sein. In allem kann er uns begegnen. Überall wird seine Ankunft sichtbar.

Wer liebt, sucht die Gegenwart des Geliebten. Überall ahnt er oder sie den Geliebten. Das Herz wacht und wartet, auch wenn man vollauf mit anderem beschäftigt ist. Die Wachsamkeit des Herzens macht uns offen und empfänglich für die stets neue und überraschende Art, wie der Herr in unser Leben kommt. Wie die Braut im Hohelied der Liebe ist unser Herz hellwach in Erwartung auf das Pochen an der Tür. In der Schönheit der Natur erahnen wir die Spuren des Bräutigams, doch auch mitten in der Grausamkeit der Geschichte kann sich seine Barmherzigkeit einen Weg bahnen. Wir müssen ihn immer wieder aufs Neue suchen, ihn, der uns liebt und hinter Wegbiegungen oder Hügeln auf uns wartet. Alles atmet seine Gegenwart, was unser Verlangen noch grö-

ßer macht und uns auf unser Eigenes verzichten lässt, um den Kommenden zu empfangen.
Gott ist ein für alle Mal gekommen. Das Wort ist in Jesus Christus unwiderruflich Fleisch geworden. Der eingeborene Sohn des Vaters ist der einzige Sohn der Jungfrau Maria und unser Bruder geworden. Die Ankunft Gottes auf Erden ist der Mittelpunkt der Geschichte. Wir rechnen die Zeit nach ihm. Unser Leben als Christen ist von diesem Wunder aller Wunder geprägt. Die Inkarnation ist eine geschichtliche Tatsache, die die Geschichte auf den Kopf gestellt hat. Doch wir müssen diese einzigartige Ankunft annehmen und in unserem Leben fruchtbar werden lassen – immer wieder, Augenblick für Augenblick.
Gerade deshalb ist der Advent ein ständiger Begleiter unseres Lebens. Wir warten auf noch mehr, auf immer mehr Begegnungen mit dem, der immer zu uns kommt, um uns und unsere Welt zu heilen und zu verwandeln. Eines Tages wird er wiederkommen, die Zeit in Ewigkeit und die Erde in Himmel verwandeln. Wir können uns kaum vorstellen, was es bedeutet, wenn die Ankunft des Herren auch seine Wiederkunft ist. Doch eigentlich hat jeder Augenblick der Ankunft des Herren bei seinem Volk und jedem von uns diesen erschütternden und unbegreiflichen Sinn. Gerade darum ist die Wachsamkeit so wichtig. Wenn wir in Erwartung des Herren wachen, werden wir in unserer wahren Identität gestärkt: Wir sind für die selige Schau der Ewigkeit geschaffen. Wir bereiten uns auf das ewige Leben vor, wo die Ankunft endgültig geworden ist und alles verwandelt hat. Erst dann werden wir Gott sehen, wie er in sich selbst ist.
»Erwachen« und »wachen« sind verwandt miteinander. Als Christi Brüder und Schwestern dürfen wir an jedem

neuen Tag erwachen, als wäre es der letzte, als wäre die ewige Herrlichkeit schon hier. Unterdessen dürfen wir ein wenig weiterwachen und warten, bis sie endgültig hervorbricht. Dennoch bekommen wir einen Vorschuss auf die ewige Begegnung mit dem auferstandenen und verherrlichten Herrn mitten in der Mühsal dieser Zeit; er ist verborgen und dennoch gegenwärtig. Seele, wache weiter und bete! Verschlafe nicht dein Leben, sondern erwache und bleib wachsam! Dann bleibst du allzeit jung.

## Gott schenkt uns das Beste

Gott ist einfach grenzenlos verschwenderisch mit seinen Gaben und seiner Gnade. Wir werden nicht einmal in unseren wildesten Fantasien erahnen können, wie viel Gott von sich selbst schenkt. Das neue Leben von Ostern, das in der Taufe geschenkt wird, ist mehr, als wir zu träumen wagten. Die Auferstehung Christi, die uns den Weg zur ewigen Herrlichkeit aufgetan hat, übersteigt alles, was wir uns hätten wünschen können. Und Gott will uns noch mehr schenken, einen Haupt-

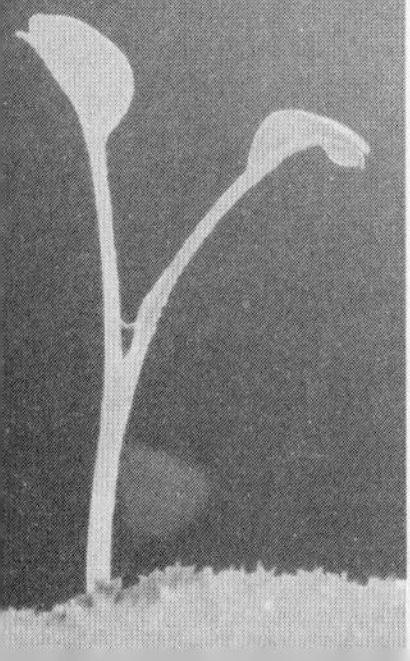

gewinn, etwas jenseits von allem anderen. Schon im Alten Bund begann man etwas davon zu ahnen: Gott will seinen Geist über uns ausgießen, ja, ihn in uns hineingießen (vgl. Ez 36,26-27). Gott will durch den Geist, den er ständig in uns einhaucht, in uns wohnen. Gott ist erst zufrieden, wenn er uns das Beste, das es gibt, geschenkt hat: sich selbst.

Der Konsumismus ist die gefährlichste Versuchung und die einzig funktionierende Ideologie unserer Tage. Er setzt darauf, dass wir ständig nach mehr verlangen sollen. Darum locken die Geschäfte mit Schlussverkauf und Sonderpreisen. Wir sollen uns nie mit dem begnügen, was wir haben. Wir sollen immer mehr haben wollen, immer etwas Neues. Gegen diese Versuchung wirkt und hilft die Gabe von Pfingsten, an dem der Geist zur tiefen Antriebskraft in uns wird, die uns dahin treibt, immer mehr nach dem zu verlangen, was wir schon bekommen haben: Gott selbst. In seiner Güte überlistet der wahre Gott die Versuchung des Mammon und wendet sie zu etwas Gutem. Das Geheimnis von Pfingsten gibt uns Christen eine »Verbraucheraufklärung«, oder besser gesagt, eine Aufklärung durch den Geist selbst.

Als der Geist über die im Gebet mit Maria versammelten Jünger im Obergemach ausgegossen wurde (vgl. Apg 1,13-14), wurde die Kirche in ihrer ganzen Wirklichkeit sichtbar. Menschen aller Sprachen und Rassen werden miteinander verbunden im Geist. In ihm werden unsere menschlichen Grenzen überschritten. Glaube, Hoffnung und Liebe verbinden uns miteinander durch den Geist. Es gilt nicht mehr *Blut und Boden* zu verehren, sondern »den Vater im Geist und in der Wahrheit anzubeten« (Joh 4,23). Gott soll unsere innere Wirklichkeit und Antriebskraft durch den Geist sein, der uns mit Christus vereint. Wir haben bereits alles erhalten, müssen aber dennoch danach verlangen, mehr von allem zu bekommen und von allem tiefer verwandelt zu werden.

Die Dynamik des christlichen Lebens ist paradox. Der Geist ist unser ständiger Hauptgewinn. Gott sei Dank! Wir können nie ganz und gar in uns selber oder im Irdischen stecken bleiben. Eine heilige Ungeduld ist in uns eingebaut, die sich mit einer unerschütterlichen Geduld paart. Was früher diametral entgegengesetzt war, ergänzt nun einander. Wie Paulus strecken wir uns aus nach dem Ziel (vgl. Phil 3,13). Und wenn wir glauben, dass wir es erreicht haben, werden wir von uns selbst weggezogen und weiter auf dem Weg getrieben.

Wenn wir mit den Augen des Glaubens schauen, erkennen wir, dass der Geist ständig das Antlitz der Erde erneuert. Der Geist verwandelt unser Herz aus Stein in ein Herz aus Fleisch. Der Geist bindet uns immer enger an den Sohn, und der Sohn hilft uns, »in dem einen Geist Zugang zum Vater zu haben« (Eph 2,18). Zugleich werden wir vom Geist in die Welt hinausgeschleudert, um ein Feuer anzufachen (vgl. Lk 12,49), das nicht erlöschen soll. Im Licht des Geistes sehen wir einander nicht mehr als Konkurrenten und Konsumenten, sondern als Brüder und Schwestern. Du und Wir werden wichtiger als Ich. Das Wohl der Gemeinschaft steht über den Bedürfnissen des Ichs. Das Ich findet, was seine wahre Identität ausmacht: seine Ähnlichkeit mit Christus, seine Christus-Gemeinschaft. »Christus lebt in mir« (Gal 2,20).

# Geh in die Tiefe!

Wir sind leicht versucht, eher auf die Oberfläche als auf die Tiefe zu achten. Hat man sich einmal an das Äußerliche gewöhnt, ist es schwer, tiefer in die wunderbare Welt des Glaubens einzudringen. Wir geben mit dem an, was auf der Oberfläche liegt (vgl. 2 Kor 5,12). Jesus warnt oft davor. Er weiß, wie leicht auch der Fromme an der Oberfläche hängen bleiben kann. Oft wendet er sich gegen die Frömmsten seiner Zeit, die Pharisäer. »Ihr haltet zwar Becher und Teller außen sauber, innen aber seid ihr voll Raubgier und Bosheit« (Lk 11,39). Er warnte sie vor dem, was auch uns widerfahren kann: Äußerlichkeit. Sie zeigt sich je nach Zeit und Umgebung in unterschiedlicher Gestalt.
Zur Zeit Jesu war es gang und gäbe, Frömmigkeit äußerlich zu zeigen; die Gefahr der Heuchelei ließ da nicht lange auf sich warten. In unserer Zeit und Umgebung ist es kaum vorstellbar, durch äußere Gebärden vorzugeben, man sei fromm. Aber die Versuchung besteht weiterhin, kleidet sich vielleicht nur anders. Der Mensch bleibt sich im Großen und Ganzen gleich und reagiert auf dieselben Lockrufe der Verführung. Was wir Pharisäismus nennen, ist lediglich eine Variation derselben Melodie.
Jesus will uns mit seiner Liebe durchwirken.

Er will in alle Winkel und Ecken unseres Inneren gelangen, um alles in uns zu evangelisieren. Es gibt viele Räume in uns, die von seinem Licht erhellt und von seiner Gnade verwandelt werden müssen. Wir dürfen nicht aufhören zu wachsen und zu reifen. Wir dürfen uns nicht damit begnügen, unsere Fassade zu renovieren. Unser ganzes Haus, unser ganzes Inneres, muss in seiner Tiefe vom »Duft der Erkenntnis Christi« (2 Kor 2,14) erfüllt werden. Alles muss erhellt und erwärmt werden. »Erlösung in vollem Gange«, so müsste es auf unserer Tür stehen. Jesus will uns ganz in Besitz nehmen und uns ihm immer ähnlicher machen. Der Prozess darf nicht aufhören. »Jetzt ist der Tag der Rettung« (2 Kor 6,2). Es gibt immer etwas mehr in uns, das geheilt und erneuert werden muss.

Wir müssen uns immer wieder prüfen. In unserer individualistischen Zeit kann die Äußerlichkeit eine besondere Gestalt annehmen, die schwer zu durchschauen ist. Man bleibt leicht an der Oberfläche hängen und formt den Glauben nach eigenem Gutdünken und Geschmack. Das Herz soll sich weiten und nicht zusammenziehen. Die Gefahr ist groß, in einem äußerlichen Glauben stecken zu bleiben und Zuflucht zu einem selbst gebastelten Gottesbild zu nehmen. Im Grunde ist das Götzendienst: sich einen Gott zu machen, der einem passt, statt dem lebendigen Gott zu gefallen, den wir »im Geist und in der Wahrheit« (Joh 4,24) anbeten sollen.

Bisweilen brauchen wir Zeit, diese Versuchung zu verstehen, gerade weil sie so gewöhnlich ist in einer Zeit, da Religion immer mehr Privatsache wird.

»Die Seele soll in der Weise Gott verehren, wie der Leib funktioniert; die christliche Lehre muss denselben Wachstumsgesetzen folgen, damit sie auf Dauer gestärkt werde, mit den Jahren wachse und mit dem Alter reife« (Vinzenz von Lérin). Wir können uns den christlichen Glaubens weiter aneignen. Wir können immer tiefer in Gottes Geheimnis eintauchen. Die Tiefe im Herzen Jesu ist unbegrenzt, gleich wie tief wir hinabtauchen. Alles hängt vom »Überfluss der reichen Gnade« (Rom 5,17) ab. Warum sollten wir da auf der Oberfläche bleiben? »Fahr hinaus ins Tiefe« (Lk 5,4), sagt Jesus.

# Lass dich beschenken!

Wer will nicht den Hauptpreis gewinnen? Ein Sportler will einen neuen Rekord aufstellen. Paulus »jagt nach dem Siegespreis« (Phil 3,14). Viele wollen Karriere machen und an die Spitze kommen. Etwas im Menschen lässt ihn nach dem Größten und Höchsten verlangen. Wir haben alle unseren Zenit. Wir wollen den höchsten Punkt am Himmelsgewölbe erreichen. Wir könnten das Superlativ-Krankheit nennen, aber es liegt auch etwas Gutes darin, etwas, das gereinigt und herausgewaschen werden kann. Wir sind zum höchsten Glück berufen: Teil zu bekommen an der Aufer-

stehung Christi, vereint mit ihm und seinem Vater in Ewigkeit leben zu dürfen.
»Der strahlende Morgenstern« (Offb 22,16) ist am Himmelsgewölbe aufgegangen. Das Licht hat das Dunkel besiegt. Die Nebel sind entwichen. Als Jesus von den Toten auferstand, hat er im Grunde die Macht der Sünde und des Bösen besiegt. Etwas Menschliches hat das Ziel erreicht. Als Jesu menschliche Natur verherrlicht wurde, berührte das die gesamte menschliche Natur. Einer von uns hat den Gipfelpunkt erreicht, so hoch, wie man nur kommen kann. Jesus ist uns vorausgegangen und will uns mit zum Gipfel ziehen: zu Gottes Herrlichkeit, an der teilzuhaben wir eingeladen sind. Die Botschaft von Ostern macht alle anderen Träume zunichte. Im strahlenden Licht von Ostern wird alles andere winzig.
Um zum Gipfel zu gelangen, musste Jesus zunächst in den Abgrund des Totenreiches hinabsteigen. Er musste vollkommen ausgeliefert werden, um das Böse und dessen Macht zu besiegen. Allein die vollkommene Auslieferung konnte die Pforten des Totenreiches aufsprengen. Wir erreichen unser Ziel nur, wenn wir Jesus auf dem Weg der Armut und Entäußerung folgen. Die Buße und Herbheit der Fastenzeit sind ein Weg zum strahlenden Glanz von Ostern, zum »Leben in Fülle« (Joh 10,10). Wir sollten uns nah an Jesus halten, sowohl wenn er den Kreuzweg geht, als auch wenn er uns zur Herrlichkeit erheben will. Die Botschaft von Ostern ist eine Einladung, uns vollkommen mit Jesus zu identifizieren. Er ist beides, der Gekreuzigte und der Auferstandene. Durch die Taufe hat diese Identifikation bereits begonnen (vgl. Kol 2,12). Sie ist reine Gnade, aber alle Gnade muss empfangen werden, damit sie fruchtbar wird.
Tag für Tag können wir unsere tiefste Identität in Jesus

suchen. Das christliche Leben ist mehr Du als Ich. Ich werde jeden Tag ein wenig mehr eins mit Dir, wenn ich meinen christlichen Glauben ernst nehme. Andernfalls ist es umgekehrt. Es geht entweder voran oder zurück. Es gibt nur Ja oder Nein (vgl. Mt 5,37). Jesus ist kompromisslos, aber zugleich barmherzig. Darum können wir Tag für Tag mit unsere Wanderung zum Gipfel neu beginnen. Das Ziel liegt jenseits des Irdischen. Den Himmel werden wir nie erobern können, sondern nur als Gabe empfangen, die wir gratis bekommen. Gerade dies ist das Schwierigste für uns, die immer große Dinge leisten und erreichen wollen. Es ist aber Gott selbst, der Großes an uns tut – so wie an Maria (vgl. Luk 2,4). Wenn wir diese Rollenverteilung akzeptieren, sind wir auf einem guten Weg. Ostern ist zu groß für uns. Wir werden nie etwas dermaßen Großes und Himmelstürmendes begreifen oder uns zunutze machen können. Aber gerade darin liegt der Sinn des Ganzen. Wir müssen unser vollkommenes Unvermögen einsehen und zugleich die Hoffnung auf das Höchste und Größte von allem. Jesus ist *für uns* auferstanden, wie er auch *für uns* gestorben ist. Dieses *für uns* scheint das Größte und Höchste für Gott zu sein.

Wir bedeuten ihm so viel, dass er uns seinen eingeborenen Sohn sendet, das Größte und Höchste, was er hat.

# Lass ihn auf dich schauen!

Getan ist getan, sagt man. Wird man also das Böse oder Halbschlechte, dessen man sich schuldig gemacht hat, nie los? Doch, natürlich! Die Vergebung Gottes kann uns von den Lasten befreien, die wir mit uns durchs Leben schleppen. Gott ist ein unendlich gütiger Vater, der danach verlangt zu vergeben. Darum gibt es auch so viel Sünde und Schuld, sagte einst einer der »heiligen Narren«, an denen die christliche Tradition so voll ist. Um aber Gottes Vergebung zu erlangen, müssen wir zuerst unsere Sünden bereuen.
Tränen der Reue sind das Schönste, das es gibt. Dennoch ist es schwer, diese Tränen herauszupressen. Jesu Botschaft von Vergebung und Reue begegnet uns im Gleichnis vom verlorenen Sohn und dessen guten Vater (vgl. Lk 15,11-32). Es ist sonderbar, dass der verlorene Sohn nicht zu bereuen scheint, was er getan hat. Er will nur heim und es gut haben bei seinem Vater. Erst als er heimkommt und der Zärtlichkeit seines Vaters begegnet, drückt er seine Trauer über das, was er getan hat, aus. Das ist typisch für uns Menschen. Reue beginnt wie ein kleines Samenkorn von Unruhe. Ist es nicht doch bes-

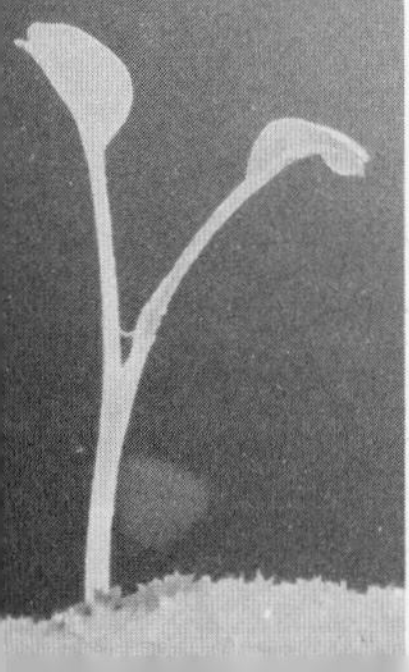

ser, sich an Gott zu wenden? Reue ist oft vermischt mit eigennützigen Motiven: Daheim beim Vater gibt es auf jeden Fall mehr zu essen. Gott lässt mit Geduld und Verständnis für unsere menschliche Schwachheit die Reue in uns wachsen.

Erst in der Begegnung mit Gott geht uns auf, wie tief wir ihn durch unsere Sünde verletzt haben. Je mehr wir seine zärtliche, mitleidende Liebe zu uns sehen, desto mehr setzt die Reue uns zu. »Jetzt freue ich mich, nicht weil ihr traurig geworden seid, sondern weil die Traurigkeit euch zur Sinnesänderung geführt hat. Denn es war eine gottgewollte Traurigkeit ... Die gottgewollte Traurigkeit verursacht nämlich eine Sinnesänderung zum Heil, die nicht bereut zu werden braucht« (2 Kor 7,9-10). Die reuevolle Betrübnis ist kein flüchtiges Gefühl, sondern ein Verlangen nach der Vergebung Gottes und ein Streben danach, das zu tun, was der Umkehr entspricht (vgl. Apg 26,20).

Reue darf man nicht mit der Pest, die viele heimsucht, verwechseln: Schuldgefühle. Leider hat so mancher dieses auf der Gefühlsebene liegende Grübeln mit der Reue verwechselt, die immer zur Umkehr führt. Hier liegt der Schwerpunkt auf Gott, der mit unendlichem Mitgefühl auf unsere Erbärmlichkeit schaut, um uns zu vergeben. Reue öffnet uns für ihn, während Schuldgefühle uns in unsere kleine Welt einschließen. Reue führt uns zu Gott und zum Nächsten, während uns Schuldgefühle in eine Sackgasse leiten.

Henker bereuen selten. Liest man von Kriegsverbrechern, ist man erstaunt, dass sie nichts zu bereuen scheinen. Sie haben nur Befehlen gehorcht. Andere sind verantwortlich. Wir erliegen leicht derselben Versuchung. Die Schuld tragen andere, Erbe und Umgebung.

Wir sind unschuldig. Doch so leicht kommen wir nicht davon. Es ist aber viel leichter, Verantwortung für sein Leben zu übernehmen, auch für dessen Kehrseite. So können wir Vergebung erlangen. Erst dann kann der Vater uns ans Herz drücken und uns als seinen verlorenen Sohn oder seine verlorene Tochter ansehen, die endlich heimgekommen ist.
Wir werden immer sehnsüchtig erwartet, ganz gleich, wie weit wir auch weg gewesen sind. Es ist niemals zu spät. Der Vater steht an der Wegbiegung und wartet. Und das Essen ist bei ihm immer am besten.

## Das Wahre ist in dir

Manche Worte kommen mit der Zeit außer Gebrauch. Die Gefahr ist groß, dass mit den Worten auch das verschwindet, für das sie stehen. Ein solches Wort ist »Edelmut«. Es findet sich zwar nicht im Evangelium, spiegelt aber einen wichtigen Aspekt in Jesu Botschaft wider. Es ist Hintergrundmaterial und Kulisse für das gesamte christliche Leben. Dass man es nicht mehr gebraucht, kann mit Verdrängung oder Vergessen zu tun haben. Etwas ist verloren gegangen in einem Klima, das so

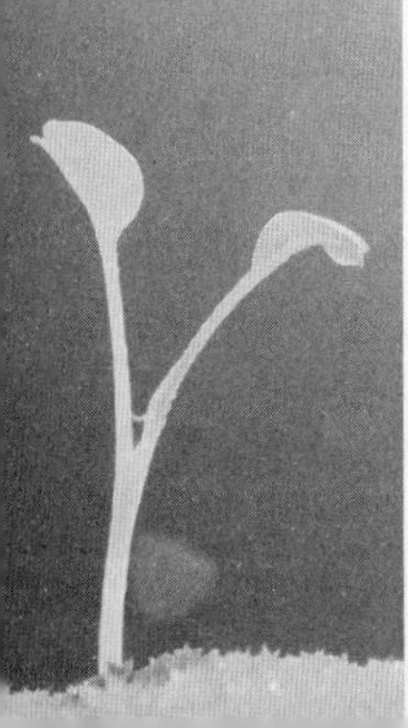

stark von Sonderinteressen und Selbstbehauptung des Individuums geprägt ist. Das Wort »Edelmut« lässt uns an das mittelalterliche Ritterideal denken, das für die meisten Menschen heute sehr entlegen ist. Dennoch gibt es dort Dinge, die wir neu gewinnen und wiederentdecken können. Vielleicht finden wir einen leichteren Zugang zu ihm, wenn wir an den barmherzigen Samariter denken (vgl. Lk 10,25-33) oder an Nelson Mandela, der seinen früheren Verfolgern die Hand reichte.

Den neuen Menschen (vgl. Eph 4,24) zeichnet ein edles und gutes Herz aus, ein Herz, das sich von Christus prägen lässt. Ein Edler des Geistes bleibt nie in sich selbst stecken, sondern sucht immer das Beste für den anderen. Wir brauchen nur an den Samariter zu denken, der sich, ohne zu zögern, eines Menschen aus dem Feindeslager annimmt. Jesus zeigt immer wieder, wie dieser Edelmut mit Sanftmut einhergeht – ein weiteres vergessenes Wort. In den Seligpreisungen finden wir alle Elemente, um den neuen Menschen, der immer ein Abbild und Abglanz Jesu ist, zu zeichnen. Kommen wir dorthin aus eigener Kraft, wenn wir uns nur ordentlich anstrengen? Nein, »alles ist Gnade«, wie Theresa von Lisieux sagte. Aber Gnade muss empfangen werden und Frucht bringen, und gerade das können und müssen wir tun. Gott passiv zu empfangen, ist das Größte und Höchste, das größte Werk, das Menschen vollbringen können: mit zwei leeren Händen vor Gott zu stehen und sie mit seiner Gnade füllen zu lassen. Erst dann können wir unsererseits die Gnade und Liebe Gottes weitergeben, auch an unsere Feinde und Verfolger. Erst dann erweist sich, ob wir Edelmut haben oder nicht.

Das Leben selbst hilft uns, neu geschaffen und gegos-

sen zu werden zu einer größeren Ähnlichkeit mit Christus. Das Edle und Wahre, das in uns ist, da wir zum Ebenbild Gottes geschaffen wurden, wird durch das ständige Wirken der Gnade in uns immer deutlicher. Doch wir müssen uns auch neu schaffen *lassen* und mitwirken mit dem, was tief in uns geschieht. Im Alltag und allem, was in ihm geschieht, werden wir ständig auf die Probe gestellt. Dort zeigt sich, ob wir durch »die überreiche Gnade Gottes« (Röm 5,15) verwandelt werden oder ob alles durch unsere Sünde und Schwäche verpfuscht wird. Jeder Augenblick ist Gnade. Bleibt nur die Frage, ob wir uns dessen voll bewusst sind, dass Gott uns immerzu einlädt, verwandelt und veredelt zu werden. Noch einmal können wir an den barmherzigen Samariter denken, dem es gelang, die Gnade des Augenblicks einzufangen und das gute Werk zu ergreifen, das in Gestalt des Opfers eines Raubüberfalls vorbereitet vor ihm lag.
Jesus wartet in unzähligen Gestalten und Verkleidungen auf uns. Erkennen wir ihn wieder und empfangen wir ihn, geschieht etwas in uns. Lassen wir ihn uns lieben, wird es zu unserer zweiten, ja, unserer wahren Natur, zu denken, zu handeln und zu reden wie er. Unser Edelmut wächst Schritt für Schritt in der Begegnung mit Christus; die Begegnung, die unser Leben ist. Es ist allein Gnade, doch bejahte und beantwortete Gnade.

# Lass dich auf Gott ein!

»Öffnen wir unsere Augen dem vergöttlichenden Licht und hören wir mit aufmerksamem Ohr, wozu die Stimme Gottes täglich uns ermahnt« (Regel des heiligen Benedikt, Prolog). Wie können wir Kontakt zu Gott bekommen, zu dem Gott, der über allem ist und uns unendlich übersteigt? Gott spricht ständig zu uns, ja, er ruft täglich und stündlich. Wir haben natürliche Organe und Sinne, um mit der geschaffenen Welt, in der wir leben, in Kontakt zu treten. Da muss es doch auch Organe und Kraftquellen in uns geben, die uns mit dem Schöpfer selbst in Kontakt bringen. Es muss eine Grundhaltung vor dem geben, der uns geschaffen hat und uns erlösen will. Die Bibel und die mystische Theologie können uns helfen, besser zu verstehen, worum es da geht, auch wenn es unser natürliches Fassungsvermögen übersteigt. Wir dürfen zugleich darauf vertrauen, dass, wenn Gott uns liebt und näherkommen will, er uns auch die Möglichkeit gibt, seine Liebe zu beantworten und ihm näherzukommen.
Die Grundhaltung des Menschen vor Gott können wir Übereignung nennen. Wir kennen diese Haltung vom Kleinkind, das ganz und gar auf Mutter und Vater vertraut und sich ihnen überlässt. Wir *lassen* uns einfach von Gott lieben. Wir haben ein unerschütterliches Ver-

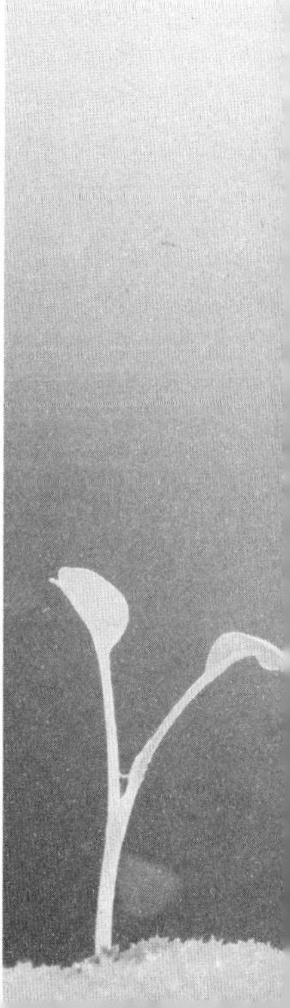

trauen, dass er das Beste für uns will. Wir haben unsere Hoffnung auf den lebendigen Gott gesetzt. Wir vertrauen mehr auf ihn als auf uns selbst oder einen anderen. Wir sind unser Leben lang abhängig von ihm. Im Leben und im Tod gehören wir ihm (vgl. Röm 14,8).

Es kann dauern, bis wir uns ihm überlassen. Wir Menschen sind oft verwundet. Wir haben das Vertrauen zueinander verloren – im schlimmsten Fall auch zu Gott. Ein inneres Misstrauen steht uns im Wege. Wir wagen nicht richtig, darauf zu vertrauen, dass wir um unserer selbst willen geliebt sind. Eine nagende Unzufriedenheit macht uns das Leben schwer. Wir haben es aufgegeben zu hoffen. Eine vage Verzagtheit macht uns mutlos. Die wahre Übereignung wächst aber gerade im Gegenwind. Wir lernen die echte Übereignung der Liebe erst kennen, wenn sie infrage gestellt wird. Wir empfangen den lebendigen Gott und die volle Wirklichkeit der Auferstehung erst dann, wenn wir in den Nahkampf mit Schwäche und Sünde, Tod und Leiden gegangen sind. Das Ostergeheimnis Christi ist der Rahmen, in dem wir lernen, was Übereignung ist.

Das objektive Erlösungsgeschehen, das wir in Kreuz und Auferstehung sehen, wird in unserer subjektiven, individuellen Wirklichkeit deutlich. Die Übereignung Jesu an den Vater am Kreuz öffnet den Weg für unsere Übereignung an Gott. Genau diesen Schritt müssen wir in den größeren und kleineren Entscheidungssituationen des gewöhnlichen Lebens immerzu einüben. Wir begegnen Gott eben in *unserem* Leben. Er kommt uns entgegen durch das, war wir erleben. Wir übergeben uns ihm durch das, was das Leben für uns bereithält. Dabei hoffen wir auf den lebendigen Gott, gleich wie schwer oder leicht wir es auch haben.

Die Übereignung äußert sich in Glaube, Hoffnung und Liebe; in diesen dreien, von denen Paulus spricht und von denen die Liebe am größten ist (vgl. 1 Kor 13,13). Doch ohne Glaube und Liebe kann die Hoffnung nicht funktionieren. Heutzutage muss vor allem die Hoffnung gestärkt werden, da Hoffnungslosigkeit, Sinnlosigkeit und Trostlosigkeit zu einer Art Volkskrankheit geworden sind, die man mit allen möglichen Ersatzmitteln zu betäuben versucht.

Glaube, Hoffnung und Liebe sind die sogenannten *theologalen Tugenden*. Theologal – das Wort zeigt an, dass sie etwas sind, das uns direkt mit Gott verbindet. Von ihm kommt eine dynamische Kraft, die uns mit ihm verbindet. Er hat Vertrauen zu uns. Er hofft auf uns. Er liebt uns. Darum können wir ihm auf gleiche Weise antworten, mit der Kraft, die von ihm ausgeht.

Das Wort »Tugend« bedeutet auch Kraft (lat. *virtus*). Durch die Taufe bekommen wir Teil an einer göttlichen Dynamik. Wir bekommen Zugang zu einer übernatürlichen Kraftquelle in uns, die unser natürliches Vermögen übersteigt. Glaube, Hoffnung und Liebe haben auch eine menschliche Seite. Alle Menschen, seien sie gläubig oder nicht, verstehen, worum es bei ihnen geht. Sprechen wir aber über sie als theologale Tugenden, meinen wir Gnadengaben, die durch die Taufe – dank Jesu Erlösung und Gnade – in uns eingegossen wurden. Wir werden von der Kraft des Heiligen Geistes angetrieben, Jesus zu folgen und uns dem Vater zu überlassen. Wir bekommen Teil am inneren Leben der Dreifaltigkeit. Glaube, Hoffnung und Liebe gehören unauflöslich zusammen und bilden eine Grundhaltung, die uns unauflöslich mit Gott, aber auch mit unserem Nächsten verbindet. Jesus unterscheidet nicht zwischen der Liebe zu Gott und zum Nächsten. Sie gehören zusammen. Wir haben dieselbe Grundhaltung Gott und Menschen gegenüber. Meist sprechen wir Christen mehr über Glaube und Liebe. Die Hoffnung wird oft vergessen. Darum ist es wichtig, sich gerade jetzt mehr auf die Hoffnung zu konzentrieren. Wir sind ja Christen, weil wir unsere Hoffnung auf den lebendigen Gott gesetzt haben. Wir hoffen nicht nur auf einen guten Arbeitsplatz, Karriere, Erfolg oder was auch immer auf einer rein menschlichen Ebene erträumt wird. Wir hoffen auf Gott. Wir sehnen uns nach ihm. Wir glauben, dass er der Einzige ist, der das tiefste und größte Verlangen unseres Herzens stillen kann. Ohne ihn wird alles schal und öde. Das Leben verliert seinen tieferen Sinn. Es gäbe nur noch ein sinnloses Suchen nach heftigen Erlebnissen, Zeitvertreib und einem immer neuen Kick.

Viele Menschen leben heute genau so. Die ganze Woche hofft man auf eine heftige Party am Wochenende, neue Bräute, neue Jungens. Dennoch ist man nie zufrieden. Es bleibt hohl und leer in einem. Man versucht, diese Leere mit noch stärkeren Erlebnissen, mit Dingen oder neuen sexuellen Eroberungen zu füllen.

Die christliche Hoffnung kann jene retten, die in dieser Hetzjagd nach dem immer Maßloseren zu ertrinken drohen. Die Hoffnung richtet uns auf Gott in seiner ewigen Herrlichkeit aus. Wir lernen eine neue Verhaltensweise dem Irdischen gegenüber. Das bedeutet nicht, dass das Irdische bedeutungslos wäre. Umgekehrt! Wir erkennen die Spuren unseres geliebten Herrn um uns herum, in den anderen und in dem, was geschieht, wieder. Wir wollen seine Gegenwart immer mehr hervorlocken. Wir wollen seine verborgene Gegenwart in jedem Menschen, den wir treffen, wiedererkennen, auch in jenen, die ihn nicht kennen, sich aber in ihrem Innersten nach ihm sehnen. Die Hoffnung wird eine Antriebskraft, uns in der Welt zu engagieren und Jesus und seine Botschaft jenen zu vermitteln, die uns begegnen. Die Hoffnung hilft uns, immer heimischer in der Kirche zu werden, damit wir eine Gemeinschaft aller Katholiken in Schweden aufbauen können. Dann werden wir auch unseren Glauben, unsere Hoffnung und unsere Liebe mit denen teilen wollen, die Jesus und seine Kirche nicht kennen. Jeden Tag können wir in der Hoffnung auf den lebendigen Gott wachsen und unsere Hoffnung in Gebet und Tat umsetzen. Es ist einfach spannend, Christ zu sein und von dieser Hoffnung auf den lebendigen Gott zu leben!